ROYAL HORTICULTURAL SOCIETY
DK GARTENTIPPS

KLEINE GÄRTEN

THE ROYAL HORTICULTURAL SOCIETY
DK GARTENTIPPS

KLEINE GÄRTEN

JOHN MORELAND

DORLING KINDERSLEY

DORLING KINDERSLEY
London, New York, Melbourne, München und Delhi

REIHENBETREUUNG Pamela Brown
REIHENBILDBETREUUNG Stephen Josland
BILDREDAKTION Rachael Parfitt
HERSTELLUNG Ruth Charlton, Mandy Inness
CHEFLEKTORAT Louise Abbott
CHEFBILDLEKTORAT Lee Griffiths
DTP-DESIGN Matthew Greenfield
ILLUSTRATIONEN Gill Tomblin

Für die deutsche Ausgabe:
PROGRAMMLEITUNG Monika Schlitzer
HERSTELLUNGSLEITUNG Dorothee Whittaker
PROJEKTBETREUUNG Regina Franke
HERSTELLUNG Gerd Wiechcinski
COVERGESTALTUNG Jan Riemer, Klaus Meyer, München

Bibliografische Information der Deutschen Bibliothek
Die Deutsche Bibliothek verzeichnet diese Publikation
in der Deutschen Nationalbibliografie;
detaillierte bibliografische Daten sind im Internet über http://dnb.ddb.de abrufbar

Titel der englischen Originalausgabe:
RHS Practical Guides: Small Gardens

ÜBERSETZUNG Ulrike Mühle
LEKTORAT Ulrike Kerstiens
REDAKTION UND SATZ Verlagsservice Monika Rohde, Bonn

ISBN 3-8310-0833-7

Printed and bound in Singapore by Star Standard Industries

Besuchen Sie uns im Internet
www.dk.com

INHALT

Die Gestaltung kleiner Gärten *7*

Beispiele für die Umsetzung individueller Wünsche. Kreative Lösungen zur Aufhebung der Nachteile eines Gartens und zur Hervorhebung seiner Vorzüge.

Pläne für kleine Gärten *30*

Zwanzig illustrierte Entwürfe für unterschiedliche Grundrisse und zur Verwirklichung vielfältiger Wünsche. Die Entwürfe zeigen, wie kleine Räume weiträumiger erscheinen, Höhenunterschiede genutzt werden und Sitz- und Essbereiche, eingebaute Grillplätze, Spielecken, Teiche, Pergolen und andere Elemente in die Gestaltung einbezogen werden.

Grundlegende Planungstechniken *72*

Die richtigen Techniken zur Vermessung des Gartens und zur Skizzierung und Umsetzung des Entwurfs.

Register *78*
Dank *80*

DIE GESTALTUNG KLEINER GÄRTEN

CHANCEN UND MÖGLICHKEITEN

WIE KLEIN EIN GARTEN auch sein mag, in der hektischen Welt von heute kann er von unschätzbarem Wert sein – ein Ort, an dem man dem Stress des Alltags entfliehen, sich entspannen und neue Kräfte sammeln kann. Er bietet Platz für Mahlzeiten im Freien, für Feste und zum Austoben für die Kinder. Die Ideen und Pläne auf den folgenden Seiten zeigen, wie viele Möglichkeiten kleine Flächen bieten, einen Garten nach den eigenen Wünschen zu gestalten.

DIE WICHTIGSTEN FRAGEN

Ein ausgewogenes, praktikables Gestaltungskonzept ergibt sich aus zwei grundsätzlichen Fragen, die man sich zu Beginn der Planung stellen sollte: »Was ist vorhanden?« und »Was soll daraus werden?« Die erste betrifft die äußeren Gegebenheiten – Größe, Form, Sonnen- und Schattenbereiche, die vorhandene oder mangelnde Abgeschlossenheit des Gartens –, die zweite die vorgesehene Nutzung. Ob alle Wünsche verwirklicht werden, hängt davon ab, wie viel man ausgeben kann oder möchte bzw. inwieweit man die Arbeiten, insbesondere die baulichen und schweren, selbst durchführen kann. Außerdem muss man überlegen, ob man den Garten in einem Schritt oder in mehreren über einen längeren Zeitraum hinweg anlegen und bepflanzen will. In jedem Fall ist ein Gesamtkonzept hilfreich, das alle Beteiligten akzeptieren und auf das sie hinarbeiten können.

BUNTES LAUB *Im lichten Schatten gedeihen einige der schönsten Blattpflanzen. Farne und das panaschierte Laub von Sträuchern umgeben den kleinen Baum mit Farbe und Leben.*

◀ STILLE WINKEL *In einem kleinen Garten lassen sich leicht stille und abgeschiedene Winkel schaffen.*

Eine Wunschliste anlegen

Von Anfang an sollten die Wünsche aller, die den Garten nutzen wollen, bei der Gestaltung mit berücksichtigt werden. Vielleicht möchte man einfach einen schönen Garten, für dessen Pflege nicht viel Zeit aufgewendet werden muß *(siehe S. 46)*. Höhere Anforderungen stellt ein Garten für eine Familie mit Kindern und Haustieren, besonders, wenn es um die Unterbringung von Fahrrädern und Spielzeug und Platz zum Spielen geht *(siehe S. 52)*. Auf jeden Fall sollte man sich am Anfang Zeit für eine Liste nehmen, in die alle ihre Wünsche eintragen können.

Entscheidend ist das Interesse an der Gartenarbeit: Ob man sich gern mit Pflanzen beschäftigt, wie viel Zeit man für die Pflege aufbringen kann oder ob man Arbeit im Garten am liebsten meidet. Die Atmosphäre eines Gartens wird vor allem durch die Bepflanzung bestimmt. Ist der Raum sehr begrenzt, kann dies bedeuten, sich zwischen Pflanzen und einer Sitzecke entscheiden zu müssen. Ein Essplatz wiederum, vielleicht sogar mit einem fest eingebauten Grill, erfordert bauliche Veränderungen und evtl. eine Überdachung. Aus der Liste sollte hervorgehen, ob ein Gerätehaus nötig ist *(siehe S. 28)* und wo man Müllcontainer oder Wäscheleinen platzieren will. Wie wichtig sind ein Rasen, ein Teich *(siehe S. 16)* oder eine Pergola? Soll ein Gewächshaus angelegt werden? Hat man diese Fragen geklärt, kann man die konkrete Planung in Angriff nehmen.

KEINE UNLÖSBARE AUFGABE
Auf den ersten Blick spiegelt dieser verwahrloste Hinterhof sämtliche Probleme eines kleinen Stadtgartens: Er ist einsehbar und teilweise überschattet von einem Wohnblock und bietet einen ungehinderten Blick auf die Mülltonne, die Wäscheleine und das einzige nennenswerte Gartenelement, einen Zaun. Durchaus kein Grund zum Verzweifeln, denn mit ein paar guten Ideen (siehe S. 31–71) *sind die Mängel leicht behoben und der Hinterhof in einen reizvollen und einladenden Garten verwandelt.*

Einschätzung des Grundstücks

Muss der Garten komplett neu angelegt werden – z. B. nach Bezug eines Neubaus mitten in einem Stück Brachland und umgeben von einem ebenso kahlen Zaun –, ist das Schwierigste oft, sich für ein Konzept zu entscheiden. Wurde der Garten übernommen, sollte man sich bis zu einem Jahr Zeit lassen, bevor man entscheidet, welche Elemente, insbesondere welche Pflanzen, erhalten und welche ersetzt werden sollen. Vielleicht entspricht der vorhandene Garten nicht mehr den eigenen Wünschen. Am besten legt man eine Liste der wichtigsten Kriterien und eine Skizze an *(siehe S. 72–75)*, in die alle nötigen Maße von Grundstücksgrenzen, Höhenunterschieden, Garage und Gerätehaus eingetragen werden; ebenso der Sonnenstand, die Windrichtungen, schöne und weniger schöne Ausblicke, Pflasterflächen, Mauerwerk und Bepflanzung, besonders die Bäume und Sträucher, und die Maße der Fenster, da die Ausblicke vom Haus ein wichtiges Gestaltungskriterium sind. Bei einem Neubau muss zusätzlich die Qualität des Bodens überprüft werden, da er Bauschutt enthalten bzw. zusätzlichen Mutterboden benötigen kann.

> Da jeder Zentimeter zählt, lohnt sich ein äußerst genauer Entwurf

VIRTUOS GELÖST
Umsichtig gestaltet beweist dieser Garten, was aus einem typischen kleinen Innenhof (ähnlich wie links) werden kann. Das Pflaster wird von den Pflanzen aufgelockert, die nach Form und Struktur ihrer Blätter und Blüten ausgewählt wurden. Von der weißen Wand reflektierendes Licht regt das Wachstum der Pflanzen an, die Ranken an der Gartenmauer schaffen eine abgeschiedene Atmosphäre, Buchskugeln setzen Akzente, und etwas Farbe macht aus der praktischen Gießkanne einen schönen Blickfang.

STILRICHTUNGEN

GANZ GLEICH WIE KLEIN der Garten ist – vor jeder detaillierten Planung sollten Sie eine genaue Vorstellung von der Atmosphäre haben, die Sie schaffen möchten. Mögen Sie klare Linien und modernes Material? Lieben Sie eine romantische und verschwenderische Fülle von Pflanzen? Oder schätzen Sie die beruhigende Ordnung einer formalen Gestaltung? Das Wichtigste ist die Entscheidung für einen bestimmten Stil.

INSPIRIERENDE IDEEN

Mit etwas Glück öffnet man eine Zeitschrift oder ein Buch und hat schon den gewünschten Garten gefunden. Man sollte dieses Bild immer vor Augen haben, während man es in die Praxis umsetzt. Meist ist es aber viel schwieriger, den richtigen Stil zu finden, und man muss sich genügend Zeit lassen, um die unterschiedlichsten Quellen nach Ideen zu durchforsten, z. B. Fotos, Fernsehzeitschriften und fremde Gärten. Auch große öffentliche Gärten haben Bereiche, die man kopieren oder aus denen man Elemente übernehmen kann. Am besten hält man sich alle Optionen offen, bis man den eigenen Stil gefunden hat, und streicht erst dann alles, was nicht wie selbstverständlich in den geplanten Garten passt.

ZEIT UND ORT

Auch wenn man sich nicht bewusst nach einem historischen Vorbild richtet, gibt es kaum einen Stil, der nicht schon einmal da gewesen ist. Wer streng gegliederte Gärten mag, kann viel von den symmetrischen Anlagen der berühmten Herrenhausgärten lernen. Die verschlungenen Knotenmuster historischer Gärten z. B. lassen sich leicht

EIN PFLANZEN-PARADIES
Der Besitzer dieses Gartens liebt Pflanzen und hat mit sorgfältig ausgesuchten Blütenfarben und Blattformen eine grüne Oase in einem kleinen Hinterhof geschaffen. Ein Garten für die Sinne, der aber ständige, zeitaufwendige Pflege erfordert.

◄ MODERNE EFFEKTE
Links sind Pflaster und Trennwände mit Glasbausteinen gestaltet. Nachts erhält der Garten eine phantastische Atmosphäre, wenn Teile des Pflasters von unten beleuchtet werden.

▼ ALTE TRADITIONEN
Ein konventionell mit Rasen und Gehölzen gestalteter Garten schafft eine entspannte Atmosphäre und verlangt keine aufwendige Pflege. Das Rankgitter unterteilt die Länge des Gartens und schirmt die abgeschiedene Sitzecke ab.

auf kleinere Räume übertragen, ihre Pflege nimmt aber sehr viel Zeit und Mühe in Anspruch; ebenso ein Landhausgarten, so täuschend einfach und natürlich gewachsen er auch wirken mag. Man muss sich keinesfalls an nur einen Stil halten, besser wirkt oft die Kombination verschiedener Stilelemente, z. B. eine romantische Fülle von Pflanzen zwischen exakt geschnittenen Hecken. Große, in einzelne »Räume« aufgeteilte Gärten liefern dafür die besten Ideen.

Oder man lässt sich von den traditionellen Gärten ferner Länder inspirieren. Geharkter Kies und eine sparsame Bepflanzung im japanischen Stil passen gut zu einem Garten im Kleinformat, ein Gartenhof im maurischen Stil zu einem von Mauern und Gebäuden umschlossenen Innenhof.

Große Gartenausstellungen können eine Fundgrube für kreative Ideen, die neuesten Trends und für die effektvolle Nutzung von ungewöhnlichen Materialien sein.

Raum für den eigenen Lebensstil

Ein Garten sollte für die Menschen da sein. Niemand möchte nach einem harten Arbeitstag noch den Rasen mähen oder die Hecke schneiden. Doch vielleicht ist Gärtnern ja das lang gesuchte Hobby für Sie. Die Beschäftigung mit Pflanzen und selbst das Unkrautjäten kann heilsame Ablenkung bringen. In jedem Fall sollte der Garten nicht nur ansprechend gestaltet sein, sondern den Wünschen und dem Lebensstil der Menschen entgegenkommen, die ihn nutzen.

Geringer Pflegeaufwand

Der am häufigsten geäußerte Wunsch ist ein Garten, der nicht viel Arbeit macht. Die meisten erfahrenen Gärtner werden dagegenhalten, dass es einen wirklich pflegeleichten Garten nicht gibt, dass Natur und Pflanzen immer einer gewissen Pflege bedürfen. Dennoch lassen sich Gärten so gestalten, dass sie mit einem Minimum an Pflege auskommen. Viel macht die Größe der befestigten gegenüber den »weichen«, bepflanzten Flächen aus, außerdem die Art der Bepflanzung. Eng zusammenstehende Blütensträucher beanspruchen wenig Zeit und Mühe, nur einen gelegentlichen Rückschnitt. Rabatten mit einjährigen Pflanzen und Stauden sind eher etwas für engagierte Gärtner. Eine grundsätzliche Entscheidung betrifft die Anlage einer Rasenfläche, deren Größe im richtigen Verhältnis zum Pflegeaufwand stehen sollte. Sonst gibt es eine ganze Reihe alternativer Lösungen *(siehe S. 24 und die Gartenpläne ab S. 32).*

> Es gibt vielfältige, weniger arbeitsintensive Alternativen zu Rasen

BLAUE STUNDEN
Eine intime Sitzecke ist der ideale Platz für den Morgenkaffee oder ein großes Abendessen mit Freunden. Wichtig für die Atmosphäre ist die Farbe der Gartenmöbel und anderer gestalterischer Elemente. Hier ist sie auf einen einzelnen, schlichten Farbton für Torbogen, Spalier, Tisch und Stühle beschränkt.

EINLADENDER SCHEIN
Windlichter in verschiedenen Farben schaffen eine intime, entspannte Stimmung inmitten des Grüns von Efeu und Farnen.

Leben im Freien

Immer mehr Menschen nutzen den Garten für Mahlzeiten und Feste. Dazu kann man entweder einen speziellen Bereich mit fest eingebauten Sitzplätzen einplanen oder einfach nur eine entsprechende Fläche, die beliebig mit Tisch und Stühlen aus dem Haus ausgestattet wird. Der Platz muss ausreichen, damit alle bequem sitzen und vom Tisch aufstehen können, ohne im Gebüsch zu landen!

Eine fest eingebaute Essecke sollte von der Küche aus leicht zu erreichen sein. Am beliebtesten sind Plätze im lichten Schatten eines Baumes, falls einer vorhanden ist, sonst kann man den Essplatz mit Balken überdachen, an denen man Ranken zieht *(siehe S. 54 und 63)*.

Die Beleuchtung erweitert die Möglichkeiten eines Gartens, und mit der heutigen Technik lassen sich verblüffende Effekte zaubern *(siehe S. 55)*. Das Licht für eine Terrasse muss rechtzeitig mit eingeplant werden, damit die Leitungen sicher unter dem Pflaster liegen. Man sollte sich auch überlegen, wie oft der Grill genutzt wird und ob man ihn eventuell fest einbaut.

GRILLECKE
Pflanzgefäße in den Mauerstützen des fest eingebauten Grills und ein Kräuterbeet in der Nähe versorgen den Koch in diesem Garten jederzeit mit duftenden Gewürzen.

RAUM FÜR DIE FAMILIE

DIE SICHERHEIT und die wachsenden Ansprüche der Kinder haben in einem Familiengarten oberste Priorität, dann wird auch der Garten geschont – und der eigene Seelenfrieden. Kinder reagieren frustriert, wenn sie keinen Platz haben, an dem sie unbeobachtet spielen können. Wenn sie alt genug sind, sollten sie ihren eigenen Bereich bekommen, den man mit Pflanzen abschirmen kann.

WACHSENDE ANSPRÜCHE

Wichtig ist, neben den aktuellen auch die zukünftigen Ansprüche der Familie zu berücksichtigen, da ein kleiner Garten nur eingeschränkte Möglichkeiten bietet. Kleinen Kindern genügt ein Stück fester Boden, auf dem sie Dreirad fahren und mit ihren Autos spielen können, und ein kleiner Sandkasten, in dem sie sich stundenlang selbst beschäftigen. Die Spielecke muss nahe genug am Haus liegen, so dass sie ständig überwacht werden kann. Eine gute Lösung sind ein transportabler Sandkasten und ein Planschbecken. Der Garten muss nach praktischen Gesichtspunkten – mit Stauraum für Fahrräder und Spielzeug – gestaltet und vor allem sicher sein *(siehe gegenüberliegende Seite)*. Kieswege sind ungünstig, weil Kinder sich dort leicht verletzen können und sie den Kies nur zu gerne über den ganzen Garten verteilen.

Wenn sie größer werden, brauchen sie Platz zum Ballspielen und für anspruchsvollere sportliche Aktivitäten. Wenn der Platz für einen Spielbereich *(siehe S. 52)* mit einer Rutsche, einem Klettergerüst und sogar einem Spielhaus ausreicht, entlastet dies den übrigen Garten. Als Bodenbelag eignen sich spezieller Rindenmulch, Spielsand oder kleine, rundgeschliffene Strandkiesel. Zuvor wird

▲ SICHER UND GESCHÜTZT
Eine Abdeckung aus Holz schützt den Sandkasten und dient aufgeklappt als zusätzliche Spielfläche.

► VORAUS SCHAUEND GEPLANT
Die attraktive Form dieses Sandkastens wurde mit Blick auf die Zukunft gewählt. Er kann später zu einem Teich umfunktioniert werden.

SPIELERISCHER REIZ
Eine einladende, robuste aber freundlich wirkende Holzschaukel ist gleichzeitig ein harmonisches Gartenelement. Ihre tragenden Pfosten müssen absolut sicher aufgestellt werden, am besten vielleicht durch einen Fachmann. Die niedrigen Gehölze sind kräftig genug, um gelegentliche, scharf geschossene Bälle auszuhalten.

die oberste Schicht Erde entfernt, die Grube mit einem von Metallklammern gehaltenen Vlies oder Matten (aus dem Baustoffhandel oder dem Gartencenter) abgedeckt und mit wenigstens 30 cm Sand, Rindenmulch oder Kieseln aufgefüllt.

Nasser Rasen wird beim Spielen sehr leicht beschädigt

Der heilige Rasen

Für einen Rasen, der zum Spielen genutzt wird, ist eine widerstandsfähige Rasenmischung empfehlenswert. Erkundigen Sie sich im Gartencenter nach der richtigen Mischung, die meist als »Spiel- und Sportrasen« geführt wird. Nach dem Einsäen im Frühjahr oder Herbst sollte der Rasen die Chance bekommen, sich zu verdichten, bevor ein Ball in seine Nähe darf. Rabatten werden realistischerweise mit unverwüstlichen Gehölzen statt mit empfindlichen Stauden bepflanzt. Und falls die Kinder Spaß am Gärtnern bekommen, sollten sie ihr eigenes kleines Beet mit leicht zu ziehenden Pflanzen wie Sonnen- oder Schleifenblumen erhalten.

SICHERHEIT BEIM SPIEL

- Eine Abdeckung schützt den Sandkasten vor Verschmutzung durch Tiere.
- Erkundigen Sie sich nach speziellem Rindenmulch für Spielplätze; normaler Rindenmulch kann splittern und Verletzungen verursachen (leider zieht er auch Tiere an).
- Stachelige Pflanzen wie Yuccas sollten vermieden werden, ebenso Gewächse, die die Haut reizen wie Raute. Auch giftige Pflanzen, besonders solche mit verführerischen Beeren oder Samenhülsen, gehören nicht hierher.
- Wasserbecken müssen gesichert werden.
- Pflanzgefäße oder Skulpturen dürfen nicht leicht umzustoßen sein.

Mehr Platz für Pflanzen

PFLANZENLIEBHABER WÜNSCHEN SICH meist einen Garten mit vielen unterschiedlichen Gewächsen. Wasserbecken bieten zusätzliche Pflanzbereiche, in die man blattreiche Wasserpflanzen einsetzen kann. Hochbeete eignen sich für Hängepflanzen und rücken die Pflanzen besser ins Blickfeld. Beide Bereiche sollte man von Anfang an mit einplanen, besonders das Wasserbecken, für das wahrscheinlich vor dem Pflastern elektrische Leitungen verlegt werden müssen.

Teiche, Wasserbecken und Brunnen

Niemand sollte sich von der Anlage eines Teichs oder Wasserbeckens abbringen lassen, nur weil sie vielleicht modrig werden könnten. Mit ein paar einfachen Maßnahmen lässt sich das leicht verhindern *(siehe rechte Seite)*. Wichtig ist, dass er zum Stil des Gartens passt. Ein gemauertes Wasserbecken, ob ebenerdig oder erhöht angelegt, ist normalerweise symmetrisch und hat eine einfache und klar abgegrenzte Einfassung, deren Material sorgfältig ausgesucht werden muss. Mit verschieden großen Kieseln gestaltete Teichränder wirken natürlicher und schaffen fließende Übergänge zur Bepflanzung. Ein Teich darf nicht zu klein angelegt und mit Pflanzen erstickt werden. Bei der Wahl der richtigen Menge und Art der Pflanzen helfen Fachbücher oder ein erfahrener Händler. Für kleine Gärten oder Innenhöfe sind wasserundurchlässige, halbierte Fässer oder Gefäße

> Mühlsteinbrunnen und Quellsteine sind sicher für Kinder

▲ WASSERGEISTER
Wasserbottiche bieten skurrilen Gestalten viel Platz für ihre Späße.

► STILLE WASSER
Die Ruhe und Gelassenheit, die dieses wie ein Halbmond geformte Wasserbecken ausstrahlt, wird noch verstärkt durch das kühle Grün und den in sich versunkenen Buddha.

MIT EINGEBAUTER RÜCKENLEHNE
Eine Bank in einem Hochbbeet lädt ein, sich inmitten von viel wohltuendem Grün entspannt zurückzulehnen.

aus frostbeständiger Keramik ideal, die auch in Holzdecks eingesetzt werden können *(siehe S. 68)*. Zu einem Innenhof passt ein Mauerbrunnen *(siehe S. 62)*, der wie ein Mühlstein- oder Quellsteinbrunnen mit einer elektrischen Pumpe betrieben wird. Solche Brunnen sind sicher für Kinder, da sie ohne ein größeres Wasserbecken auskommen. Ein Kindern zugänglicher Teich muss direkt unter der Wasseroberfläche mit einem starken Metallgitter gesichert werden.

WASSERBECKEN ANLEGEN

- Teiche und Wasserbecken sollten frei und nicht im Schatten oder unter Bäumen und Sträuchern liegen.
- Die Ränder müssen gleich hoch sein.
- Teiche werden mit einer speziellen Folie aus Polyäthylen oder PVC ausgekleidet, die haltbareren Qualitäten sind meist die teuersten.
- Feste Becken werden mit Fertigelementen bzw. aus wasserfesten, verputzten Ziegeln oder Blocksteinen angelegt.
- Die Einfassung (ob aus Ziegeln, Steinen oder Rasen) sollte leicht überstehen, so dass sie das Abdichtmaterial verdeckt.

HOCHBEETE

Sehr oft bleibt reichlich Mutterboden vom Aushub für das Pflaster übrig. Statt ihn zu entsorgen, kann man ihn für die Anlage eines Hochbeetes nutzen. Prüfen Sie, ob die Erde für die geplanten Beete ausreicht, deren Größe je nach Plan stark variieren kann. Mutterboden und untere Erdschichten müssen beim Ausheben getrennt gehalten und entsprechend in das Hochbeet eingefüllt werden, der Mutterboden mindestens 45 cm tief. Wie jedes neue Pflanzbeet muss es ausreichend drainiert sein, alle Bodenschichten müssen gut durchgearbeitet werden.

Hochbeete schaffen Raum für eine größere Pflanzenvielfalt z. B. Steingartenpflanzen, Kräuter und mediterrane Gewächse. Und nicht zuletzt freut sich jeder über ein Hochbeet, der unter Rückenproblemen leidet oder sich nur schwer bücken kann *(siehe S. 59)*.

WICHTIGE GESTALTUNGSELEMENTE

DIE GOLDENE REGEL für eine anspruchsvolle Gestaltung des Gartens ist wahrscheinlich Einfachheit. Nur zu oft wirken Gärten übermäßig verspielt, besonders wenn zu viele verschiedene Materialien für die baulichen Elemente verwendet wurden. Es gilt vor allem, attraktive Muster zu schaffen und die verschiedenen Elemente zu einem ausgewogenen und harmonischen Bild zusammenzufügen – außer es sollen bewusst dramatische Effekte erzielt werden.

ÜBERGÄNGE

Die meisten Gestaltungskonzepte gehen vom Haus aus. Direkt am Haus kommt es vor allem auf eine geschickte Kombination der Pflanzen mit dem Pflaster von Terrasse und Wegen an. Mit der Entfernung vom Haus wird die Gestaltung »weicher«, die Pflanzen so angeordnet, dass sie den Garten abschirmen oder eine schöne Aussicht umrahmen.

Für die Skizzierung des geplanten Gartens können von Fenstern und Türen ausgehende Linien hilfreich sein, um die Sichtachsen zu befestigten und bepflanzte Bereiche zu gestalten. Wer einen Garten mit sehr unterschiedlichen Bereichen plant, sollte reizvolle Übergänge ähnlich wie im Garten auf S. 56 schaffen: Die versiegelte Fläche am Haus führt auf einen geschwungenen Rasen, der wiederum lenkt den Blick auf einen

LEITMOTIVE

Statuen geleiten den Besucher auf einem gewundenen, geheimnisvoll wirkenden Pfad mit großen Flusskieseln als Wegweiser.

EIN GARTEN MIT AUSSICHT

Es wäre verrückt, eine so phantastische Aussicht durch ablenkende Details zu versperren. Die Mauer gewährt den nötigen Schutz, erlaubt aber dennoch den Blick aufs Meer.

◄ NEUE PERSPEKTIVEN
Dieser Garten hat scheinbar eine ebenso idyllische Aussicht wie der Garten links. In Wirklichkeit reflektiert ein geschickt an der Mauer angebrachter Spiegel den Garten. Die zu beiden Seiten gepflanzten Koniferen und der Tiefe vortäuschende Spalierrahmen verstärken die Illusion.

schmalen Torbogen, hinter dem man den »Wildgarten« erahnen kann.

Muster und Linien

Ideen für die Gestaltung des Gartens sind überall zu finden, nicht nur in fremden Gärten. Schmuck, Teppich- oder Tapetenmuster bieten Anregungen für die Anlage von Pflaster und Beeten; Stoffmuster können die Farbgebung der Bepflanzung inspirieren. Oder der Garten wird um einen einzigen Blickfang herum angelegt, ein Stück Treibholz oder eine Skulptur.

Eine komplizierte Anlage wie die verschlungenen Heckenmuster eines Knotengartens muss dabei akkurat entworfen und *(wie auf S. 77)* im Gelände überprüft werden. Formen mit geschwungenen Bögen werden (mit einem Zirkel) aus exakten, ineinander greifenden Kreisbögen entworfen.

ACHT GOLDENE REGELN

- Die Gestaltung sollte möglichst einfach sein.
- Für Terrassen, Wege, Mauern und andere bauliche Elemente werden möglichst wenige verschiedene Materialien verwendet.
- Ziegel- oder anderes Pflaster, das Haus und Garten miteinander verbindet, sollte zum Haus passen.
- Wichtig sind die Achsen von der Mitte der Fenster und der Tür zum Garten.
- Übergänge von einem Bereich zum anderen können durch Torbögen, Pergolen, Statuen oder Skulpturen anziehender gestaltet werden.
- Setzen Sie geheimnisvolle und überraschende Akzente.
- Lassen Sie die Bepflanzung Grenzen überspielen und Räume umschließen, den Blick auf eine Aussicht lenken oder sie einrahmen.
- Setzen Sie harmonische und dramatische Effekte bewusst ein.

DIE GARTENGRENZEN

ZU DEN PROBLEMATISCHSTEN Gartenelementen gehört die Umzäunung, die meist notwendigen Veränderungen sollten gleich zu Beginn vorgenommen werden. Schöne alte Mauern um den Garten sind ein Glücksfall, die man durch die Gestaltung noch hervorheben kann. Leider ist man aber nur zu oft mit einem billigen Lattenzaun konfrontiert, der noch dazu in einer schreienden Farbe gebeizt ist.

DIE RICHTIGEN FARBEN

Kahle, nackte Zäune ziehen beim Betreten des Gartens unwillkürlich den Blick auf sich, verkürzen den Garten und lassen ihn weniger geräumig erscheinen. Das Geheimnis einer kreativen Gestaltung liegt darin, die Grenzen möglichst »aufzulösen«. Am einfachsten gelingt dies mit Farbe. Ein heller oder leuchtender Zaun reflektiert das Licht und drängt sich in den Vordergrund. In einem dunkleren Ton gestrichen oder gebeizt, tritt er zurück und fügt sich in die Umgebung ein. Im Handel erhältlich ist eine reichliche Auswahl an Holzschutzmitteln in den günstigen, dunkleren Schattierungen, z. B. in Schwarz, Dunkelbraun, gebrochenem Blau, Rot und Grün.

VERÄNDERTE AUSBLICKE

Auch Pflanzen lassen die Gartengrenzen verschwimmen *(siehe S. 36)*. Der Zaun kann zusätzlich für die Zeit, in der die

▲ DUFTZAUN
Ein Holzgitter gibt der Umzäunung Leichtigkeit, ohne die Aussicht zu versperren, und bietet Kletterpflanzen wie dem Geißblatt die nötige Stütze.

◄ BAMBUSDICKICHT
Eine dichte Bepflanzung verdeckt die Grenzen vollständig. Bambus breitet sich aggressiv aus, ist aber ein guter Lärmschutz, der selbst angenehm raschelt.

▲ HÖHEPUNKT
Ein geschickt angebrachtes Spalier erhöht die Grenzmauer an einem bestimmten Punkt, um einen unerwünschten Ausblick abzuschirmen.

◄ ZEIT FÜR EIN SPALIER
Das Spalier sollte vor der Bepflanzung errichtet werden, später ist es doppelt so schwer.

Pflanzen noch zu klein sind, um ihn vollständig abzudecken, mit Farbe verschönert werden. Es ist ratsam, genügend Platz für die Pflanzen einzuplanen, so dass sie sich zu einem dichten Sichtschutz entwickeln können. Die meisten Sträucher benötigen mindestens einen Meter, üppig wachsende Pflanzen wie Aralien breiten sich bis zu drei Metern aus und Bambus so weit, wie man ihn lässt. Ist nur wenig Platz vorhanden, hilft eine verschwenderische Fülle von Schling- und Kletterpflanzen. Ausgewachsen schirmen die richtigen Pflanzen die Grenzen des Gartens vollständig ab und lassen ihn viel weiträumiger erscheinen.

Die meisten zum Begrünen von Mauern oder Umzäunungen geeigneten Pflanzen brauchen irgendeine Form von Stütze, am besten ein Spalier, das, wenn nötig, auch in einem gedämpften Ton gestrichen wird. Schöne Farbnuancen entstehen, wenn man das Spalier in einem bläulichen Grün, den Zaun oder die unschöne Mauer dahinter in einem grünlichen Blau streicht.

Von aussen gesehen

Einige Probleme – oder auch Chancen – liegen auf der anderen Seite des Zauns. Wenn der Garten besser gegen Einblicke

> Eine schöne Aussicht verdient einen würdigen Rahmen

geschützt werden soll, genügt oft dichtes Buschwerk oder ein über die Umzäunung hinausreichendes Spalier. Ein unschöner Anblick kann hinter hohen Gewächsen, einem speziell angefertigten Sichtschutz oder einem Baum versteckt werden.

RÄUMLICHE ILLUSIONEN

EINEN GARTEN ZU GESTALTEN bedeutet vor allem, räumliche Illusionen zu schaffen, so daß der Blick getäuscht oder von einem Bereich zum anderen gelenkt wird. In mehrere »Räume« aufgeteilt, bekommt ein Garten etwas Geheimnisvolles und Überraschendes: Er macht neugierig auf den Bereich, der dem Blick entzogen ist. Ein rechteckiger oder quadratischer Garten wirkt großzügiger, wenn die Achse nicht im rechten Winkel zum Haus angelegt wird.

ABLENKUNGEN UND BLICKFÄNGE

Viele Gärten sind lang und schmal und ziehen den Blick ungehindert zum hinteren Ende. Mit Trennelementen, die von den Seiten her in den Garten ragen und seine Länge aufbrechen, wirkt er viel weiträumiger und interessanter *(siehe S. 32)*. Trennelemente lenken den Blick ab, so dass man den Garten, obwohl man vielleicht immer noch bis zu seinem Ende sehen kann, nicht in einem einzigen Moment erfasst. Das lässt sich leicht mit einigen hohen Pflanzen erreichen, die die Randbepflanzung zur Mitte hin erweitern, mit Hecken – ob in Form geschnitten oder natürlich gewachsen – oder mit freistehenden, von Kletterpflanzen überwucherten Spalieren. Im Winter, wenn die Sonne am tiefsten steht, werfen die Rankgitter oder Reihen von Pfählen eindrucksvolle Schatten.

RAFFINIERTE TRENNWÄNDE

- Immergrüne Hecken, in attraktive Formen geschnitten oder mit einem »Fenster«, das einen reizvollen Ausblick in den dahinter liegenden Raum öffnet.
- In schönen Farben gestrichene Spaliere oder Raumteiler aus ungewöhnlichen Materialien, z. B. Bambus.
- Reihen von Gerüstpfosten oder Holzpfählen, mit oder ohne Rinde, gebeizt oder gestrichen.
- Aus Haselnuss- oder Weidenzweigen geflochtene, transparente Gitter.

RÄUME IM GARTEN

Eine andere Möglichkeit, von der Länge des Gartens abzulenken, ist die Aufteilung in verschiedene Bereiche, die durch »Tore« – Pergolen oder Torbögen *(siehe S. 42 und 44)* – verbunden werden. Man sieht zuerst nur

WAS LIEGT DAHINTER?
Zunächst meint man, den ganzen Garten – ein symmetrisch angelegtes, von Gehölzen umgebenes Rasenrechteck – überblicken zu können. Aber die geheimnisvollen Stufen an seinem Ende machen neugierig auf das, was dahinter liegt.

ZAUBERKREIS
Ein von Pflanzen bewachsenes Rankgitter schiebt sich von der Seite in den Garten, so dass man ihn nicht in voller Länge einsehen kann. Das geschickt platzierte runde »Fenster« lässt den Garten dahinter erahnen und bildet einen perfekten Rahmen für den Baum in dem kreisrunden Hochbeet.

einen Bereich, doch ein Tor macht immer neugierig auf das, was dahinter liegt. In einem Garten mit mehreren »Räumen« lassen sich auch leicht verschiedene Stile integrieren, z. B. ein »wilder« Garten *(siehe S. 56)*, oder die Spielecke für die Kinder *(siehe S. 52)* kann leicht abgegrenzt werden. Mit solchen Durchblicken kann man den Garten am einfachsten in mehreren Schritten anlegen. Geschickt platzierte Öffnungen in den Hecken oder Pergolen schaffen einen Rahmen für den Blick in den dahinter liegenden »Raum«.

Diagonalen anlegen

Nicht die Länge oder die Breite, sondern die Diagonale ist die längste Linie innerhalb einer rechteckigen oder quadratischen Fläche. Daher schafft auch ein im entsprechenden Winkel angelegter Garten einen Eindruck von Geräumigkeit *(siehe S. 40, 54 und 68)*. Bei einem quadratischen Grundstück ist der Winkel 45°. Bei einem langgestreckten, schmalen Garten wirken zwei Achsen im Winkel von 45° besser als beliebige spitze Winkel. Besonders, wenn rechteckige Platten verlegt werden sollen, die besser zur Wirkung kommen, wenn sie für den Abschluss am Haus oder an der Gartengrenze exakt diagonal geschnitten werden *(siehe S. 40)*.

Holzdecks eignen sich durch die langen, geraden Linien der Planken besonders für diagonale Anlagen *(siehe S. 68)*. Ein Eindruck von Weite kann auch durch Spiegel verstärkt werden *(siehe S. 61)*.

Bodenbeläge für den Garten

Ausser wenn besondere Effekte beabsichtigt sind, sollte der »Bodenbelag«, d. h. die befestigten Flächen, so einfach wie möglich gehalten werden. Die Zahl unterschiedlicher Materialien sollte möglichst gering und Ränder und Farben unauffällig sein, damit sie einen perfekten Hintergrund für die Bepflanzung bilden. Ein Rasen ist eine naturnahe Lösung und die beste für eine Spielwiese, aber bei sehr kleinen Gärten lohnt sich der Pflegeaufwand kaum.

Wege pflastern

Die Auswahl an Pflastermaterialien in unterschiedlichsten Formen, Strukturen und Farben ist auf den ersten Blick verwirrend. Ein guter Ausgangspunkt ist das Haus: Ist es aus Ziegeln erbaut, wird durch die Verwendung der gleichen Steine für Wege und Terrasse ein einheitliches Bild geschaffen. Falls diese Ziegel nicht frostbeständig sind, kann man stattdessen auf ähnliche ausweichen. Ziegel sind vielseitig verwendbar und können vielfältige Muster und Effekte ergeben. Ein Läuferverband kann zur optischen Verbreiterung des Gartens eingesetzt werden *(siehe S. 32)*. Ein Fischgrätmuster bringt Bewegung in eine Fläche *(siehe S. 66)*, die statische Wirkung eines Flechtmusters passt ausgezeichnet zu einer Terrasse.

Früher wurden Ziegel mit Natursteinen kombiniert, besonders bei historischen Häusern, da beide in gleichem Maße verwittern (allerdings sind Natursteine bei Nässe nicht immer rutschfest). Künstliche Pflastersteine sind wesentlich preiswerter, wenn auch manchmal zu auffallend, aber es gibt auch ausgezeichnete Kopien, die mit etwas Zeit und Patina kaum von den echten zu unterscheiden sind. Fertigplatten sollten mit Bedacht ausgesucht, zu grobe Ober-

Stromleitungen für Leuchten oder Wasserspiele werden unter dem Pflaster verlegt

FLIESSENDE ÜBERGÄNGE
Kies passt zu anderen Materialien. Da er sich gern ausstreut, legt man Kies am besten etwas tiefer als die angrenzenden Flächen.

UNREGELMÄSSIGER VERBAND
Die Strukturen und Farbnuancen von Steinen und Holz wirken harmonisch und sind ein perfekter Vordergrund für die Pflanzen.

▲ECKLÖSUNG
Mit passenden Steinen lassen sich schwierige Ecken leicht und ansehnlich ausfüllen.

◄PFLASTERBÖGEN
In diesem Garten wurden ausschließlich Granitsteine zum Pflastern der sanft geschwungenen Wege benutzt, deren Ränder von Pflanzen überspielt werden. Mit Kleinpflaster lässt sich abschüssiges Gelände am einfachsten befestigen.

flächen und grelle Farben, die sich mit den Pflanzen beißen, vermieden werden. Das Pflaster muss auf die Höhe der Schachtdeckel abgestimmt und immer 15 cm, d. h. zwei Ziegellagen tiefer als die Feuchtigkeitssperre des Hauses, verlegt werden. Bei einem fachgerecht gestalteten Bodenbelag geben immer die Abmessungen der Platten die Ausmaße der befestigten Fläche vor, so dass die Platten nicht unnötig beschnitten werden müssen.

Fester Beton

Beton wird meist als grob und langweilig angesehen, richtig verwendet kann er aber ansehnliche Flächen ergeben, er kann zu jeder beliebigen Form gegossen werden und ist ziemlich preiswert. Beton wird mit einer Mischung von scharfkörnigem Sand und Steinen oder anderen Zuschlägen hergestellt. Wenn die Oberfläche, bevor sie abgebunden hat, leicht abgebürstet wird, bekommt sie eine attraktive Textur von den freigelegten Steinen.

Kies und Holz

Kies passt wie ein Auslegeteppich in jede noch so unförmige Ecke. Die Kiesschicht sollte nur dünn, etwa 12–18 mm hoch, auf einen ausreichend verdichteten Untergrund aufgebracht und anschließend gewalzt oder leicht geharkt werden. Knirschender Kies schreckt Einbrecher ab, da er aber leicht an den Sohlen haftet, sollte er nicht bis direkt ans Haus verlegt werden *(siehe S. 40)*.

Decks aus druckimprägniertem Holz eignen sich gut zur Anlage verschiedener Ebenen *(siehe S. 68)*. Damit die Sockel- oder Stützbalken nicht faulen, erhalten sie eine Unterlage aus grobem Kies, wobei vorher der Mutterboden abgetragen wird.

VERSCHIEDENE EBENEN GESTALTEN

JEDER HÖHENUNTERSCHIED im Garten macht ihn interessanter und lebendiger und sollte darum ausgenutzt werden *(siehe S. 34 und 42)*. Ein kleiner Garten sollte mindestens einen erhöhten Bereich erhalten, in dem Pflanzen besser zur Geltung kommen. Die Höhenunterschiede müssen dabei nicht gravierend sein, es genügt schon ein geringfügig erhöhtes Niveau, um Bereiche wie z. B. den Essplatz *(siehe S. 38)* unauffällig abzutrennen.

HÖHENABSTIMMUNGEN

Bevor man entscheidet, wie man die vorhandenen Höhenunterschiede am geschicktesten ausnutzt, müssen Grad und Richtung des Gefälles gemessen werden. Meistens fällt der Hang im rechten Winkel zum oder vom Haus ab, seltener auch diagonal. Man kann den Winkel mit einfachen Mitteln selbst vermessen *(siehe S. 72)*, bei komplizierterem Gefälle sollte man besser einen Vermessungstechniker damit betrauen. Falls eine größere Mauer zum Abfangen des Hangs nötig wird, lässt man sich am besten von einem Tiefbauingenieur beraten. Vor der Entscheidung für die Anlage von Terrassen, die größere Erdbewegungen erfordert, sollte man prüfen, ob das Gelände für Maschinen zugänglich ist. Können keine Maschinen eingesetzt werden, muss man überlegen, wie hoch der Aufwand ist, die benötigten schweren Arbeiten von Hand ausführen zu lassen.

SICHERE STUFEN
Sichere, mit einem Netz von tiefen Rillen versehene Pflastersteine sind widerstandsfähig und rutschfest. Da diese Sorte Klinkersteine keine Poren hat, besteht nicht die Gefahr, dass sie – wie häufig auf schattigen Wegen – von Flechten und Moosen überzogen werden.

▲ WENDETREPPE
Eine steile Treppe auf engem Raum kann bedrückend wirken. Mit einem Absatz in der Mitte und einer rechtwinkligen Wende wird sie zu einem Blickfang.

◄ NEUE HÖHEN
Höhenunterschiede lassen sich sehr leicht mit abgestuften Holzdecks schaffen. Die Fugen der Bohlen wirken richtungsweisend.

Schöne und sichere Stufen

Bei der Anlage von Stufen sind drei wichtige Bedingungen zu beachten: die »Steigung«, d. h. die Höhe der jeweiligen Stufe, der »Absatz«, die Breite der Stufe bzw. die Auftrittsfläche, und die »Strecke«, die Entfernung von der ersten bis zur letzten Stufe (die Breite aller Absätze zusammengenommen, d. h. die für die gesamte Treppe benötigte Fläche). Die in manchen Häusern üblichen schmalen und steilen Stufen wären im Garten unangebracht, wo man sie großzügiger anlegen kann. Eine bequeme Stufe hat eine Höhe von 15 cm; die annähernde Zahl der Stufen errechnet man, indem man den Höhenunterschied durch diese Zahl teilt. Die einzelnen Stufen sollten nicht flacher als etwa 7,5 cm sein, sonst stolpert man zu leicht. Eine sichere Trittbreite beträgt mindestens 45 cm – wenn man sie breiter anlegen kann, umso besser. Wichtig ist, dass alle Stufen gleich hoch und breit sind. Ein unregelmäßiger Rhythmus kann zum Stolpern verleiten *(siehe S. 43)*.

> Bei Nacht benutzte Stufen müssen beleuchtet werden

Stufen können aus jedem geeigneten Material angelegt werden – aus Ziegeln, Stein oder Holz. An Schattenplätzen muss man sie vor dem Rutschigwerden schützen. Holzstufen sollten nötigenfalls mit einem feinmaschigen Drahtnetz bespannt werden.

Auf geraden Flächen lassen sich unterschiedlich hohe Ebenen am einfachsten mit Holzdecks anlegen *(siehe S. 69)*. Sie eignen sich auch gut für eine Hangterrasse, die auf entsprechend hohen Pfosten und Tragbalken errichtet werden kann. Für schwere Gartenmöbel muss das Holzdeck dann sehr stabil konstruiert sein, damit es ihr Gewicht trägt.

AUS DER NOT EINE TUGEND MACHEN

ES BESTEHT IMMER DIE GEFAHR, dass man sich beim Planen des Gartens dazu verleiten lässt, sich nur mit den schönen und interessanten Details zu beschäftigen und die nützlichen zu vergessen, z. B. den Stauraum – den Platz für den Rasenmäher, die Fahrräder, die »Wäschespinne« oder den Müllcontainer, der leicht erreichbar, aber möglichst außer Sicht sein sollte. Von Anfang an mit eingeplant, können sie entscheidend zum Gesamteindruck des Gartens beitragen.

FINDIGE VERSTECKE

Oft gibt es nicht genug Platz im Haus für das Spielzeug, die Fahrräder, den Grill, den Rasenmäher und andere Gartengeräte, so dass ein Gerätehaus nötig wird. Es lässt sich in einer Ecke, hinter hohen Gehölzen oder einer Trennwand verstecken. Wie den Zaun kann man es mit einem dunklen Anstrich im Hintergrund verschwinden lassen *(siehe S. 65)*, es mit schnell wachsenden Kletterpflanzen tarnen oder es zumindest weniger auffällig mit der schmaleren Türseite zum Haus hin aufstellen. Lässt es sich nicht verstecken, sollte man es zu einem schmückenden Element machen, z. B. mit einem farbigen Anstrich, einem Torbogen oder einem Trompe-l'œil-Fenster, das den Blick auf sich zieht.

Ist der Garten zur Straße hin offen, braucht der Geräteschuppen ein sicheres Schloss. Für weniger sperrige Gegenstände bietet oft auch das Innere von speziell angefertigten Sitzgelegenheiten den nötigen Stauraum *(siehe S. 38 und 50)*, ebenso wie im Handel erhältliche, vorgefertigte Klappbänke. Fest eingebaute Grillplätze sollten Fächer für Kochutensilien und Brennmaterial erhalten, Stauraum für Spielzeug kann in die Spielecke integriert werden.

> Umsichtig geplant hat der Sandkasten Stauraum für Spielzeug

EFEUGITTER
Eine hässliche Garagenwand neben einem Durchgang ist hinter einem von Efeu bewachsenen Rautengitter aus Bambus verschwunden. Auch Pyracantha *(Feuerdorn) kann zu einem Gitter aus Quadraten gezogen werden.*

◄ GARTENGEMÄLDE
Dieser Schuppen, dessen Trompe-l'œil-Fenster im Innern verborgene Schätze vorgaukelt, ist fast verschwunden unter den Blütenkaskaden einer Clematis montana.

▼ SCHÖNE AUSSICHTEN
Von einem Torbogen eingerahmt und leuchtend gelb gestrichen, wird der Schuppen zu einem Blickfang am Ende des Gartens: eine gute Lösung für ein langes, schmales Grundstück.

Wäscheleinen und Müllcontainer

Viele wünschen sich genügend Platz im Garten, um die Wäsche an der frischen Luft zu trocknen. Quer durch den Garten gespannte Wäscheleinen nehmen viel Raum ein, Platz sparender ist eine »Wäschespinne«. Aber auch sie muss frei genug stehen, damit sich im Wind flatternde Wäschestücke nicht in den Sträuchern verfangen und von ihnen beschmutzt werden. Ein Problem sind die Müllcontainer, die vom Haus wie von der Straße aus zugänglich sein müssen. Sie lassen sich leicht hinter einem von Ranken bewachsenen Holzgitter oder Lattenrost verbergen oder mit Farbspray in ein eigenwilliges Kunstwerk verwandeln – die Männer von der Müllabfuhr sollten sie aber noch erkennen können.

PLÄNE FÜR KLEINE GÄRTEN

BEWÄHRTE GESTALTUNGSKONZEPTE

NACH WELCHEM KONZEPT Sie Ihren Garten gestalten hängt davon ab, wie der Garten genutzt wird. Die zwanzig Entwürfe auf den folgenden Seiten zeigen, wie man selbst kleine Flächen anspruchsvoll und passend zum individuellen Lebensstil gestalten kann. Viele der Gärten benötigen nur wenig Pflege – ein sehr häufig geäußerter Wunsch –, manche Entwürfe schaffen mehr Privatsphäre *(siehe z. B. S. 36)* und einige erreichen mit den richtigen Techniken einen Eindruck von Großzügigkeit *(S. 40 und 54)*. Im Stil variieren sie von streng gegliedert *(S. 66)* bis frei gestaltet *(S. 44)* und modern *(S. 70)*. Sie beziehen alle gebräuchlichen Materialien von Holzdecks *(S. 68)* und Beton *(S. 46)* bis zu Ziegel- und Steinpflaster *(S. 32, 38 und 58)* ein. Kiesflächen bestimmen die Gärten auf den Seiten 40, 44 und 50, Rasen und Wiesen die Gärten auf den Seiten 42, 56 und 64. Grasflächen sind günstig zum Ballspielen, und der Entwurf auf Seite 52 zeigt eine gute Lösung mit einer separaten Spielecke. Und falls Sie gern Gäste einladen, bietet der Garten auf Seite 54 einen idealen Platz für eine Party im Freien.

LICHTE NOTE *Mehrstämmige Bäume, die man aus einer Gruppe junger Bäume ziehen kann, geben einem kleinen Garten eine luftige Atmosphäre. Es sollten aber nur Bäume verwendet werden, die auch in der Natur in Gruppen wachsen, wie z. B. Weißbirken* (Betula pendula) *oder Erlen (z. B.* Alnus cordata *oder* A. incana*).*

◄ HOCH HINAUS *Die Bepflanzung in verschiedenen Höhen und Kübeln schafft farbige Kaskaden.*

SCHMALE GÄRTEN UNTERTEILEN

SEHR VIELE GRUNDSTÜCKE sind lang und schmal geschnitten und lenken den Blick oft gleich beim Betreten zum hinteren Zaun, so dass der Garten verkürzt und kleinräumiger erscheint, als er tatsächlich ist. Einfache Trennelemente können seine Länge optisch aufbrechen, so dass er großzügiger wirkt und sogar etwas geheimnisvoll. Der hinter ihnen verborgene Raum ist immer noch zu erahnen, da sie ihn nicht vollständig den Blicken entziehen. Eine einfache, aber effektive Lösung sind Metallröhren (wie sie beim Bau von Gerüsten verwendet werden), die in zwei kurzen Reihen von den Seiten her in den Garten ragen.

WUNSCH-LISTE

- Aufbrechen der lang gestreckten, schmalen Form des Gartens, um ihn optisch zu erweitern.
- Pflaster statt Rasen, um den Pflegeaufwand gering zu halten.
- Üppige Bepflanzung, die die Grenzen und befestigten Flächen auflockert und Privatsphäre schafft.
- Stauraum für Gartengeräte und Fahrräder

Kleines Gerätehaus mit Zugang vom gepflasterten Weg

Ruhigste, abgeschiedenste Gartenecke mit Sitzbank

Raumteiler aus einer Reihe von Metallröhren, die mit Drähten bespannt zu einem Rankgerüst werden. Sein Gegenstück steht versetzt auf der gegenüberliegenden Seite.

Die Weißbirke *(Betula pendula)* blieb erhalten.

KREATIVE RAUMTEILER FÜR DEN GARTEN

Wenn der Garten von Pflanzen umgeben ist, ist es am einfachsten, diese von den Seiten her durch »grüne Finger« zur Mitte hin zu erweitern, vielleicht ergänzt durch freistehende Rankgitter, Metallröhren, runde Holzpfähle oder Kanthölzer, die man zusätzlich in einem passenden Farbton streichen oder beizen kann. Sie müssen sicher, in ausreichender Tiefe und am besten in Beton und mit Pfostenträgern oder Bodenhülsen aus Stahl im Boden verankert werden.

◄ EINFACHE LÖSUNG *Ein Holzgitter als Raumteiler ist ein schöner Hintergrund für Pflanzen, ohne ihnen zu viel Sonne zu nehmen.*

► SCHERENSCHNITT *Einen attraktiven Paravent bilden diese aus imprägnierter Tischlerplatte gesägten Bäume.*

Hochbeet von 90 cm aus den gleichen Ziegeln wie das Haus, bepflanzt mit Kräutern (in bequemer Nähe zur Küche).

Ebenso harmonisch wie lebendig gestaltetes Pflaster aus Platten verschiedener Größe und Ziegeln. Die Ziegel sind mit ihrer Längsseite quer zum Garten verlegt, um ihn optisch zu verbreitern.

Kübelpflanzen auf einem Ziegelsockel

Vorhandene Ligusterhecke

EIN ABFALLENDER HANG

JEDER HÖHENUNTERSCHIED macht den Garten interessanter und sollte unbedingt genutzt werden. Ein Hang, der vom Haus her abfällt, wirkt manchmal, als ob er »sich verliert«. Dagegen hilft eine erhöht angelegte Terrasse direkt am Haus, mit breiten, in die Stützmauer des Hangs eingefügten Stufen zum unteren Garten.

WUNSCHLISTE

- Garten mit zwei ebenen Flächen, verbunden durch Stufen in der Stützmauer
- Sitzterrasse direkt vor den Fenstertüren
- Rasenfläche im unteren Garten
- Symmetrisch angelegter Garten mit einer Sonnenuhr als Blickfang
- Üppiges Grün, um die Grenzen zu überspielen und eine abgeschlossene Atmosphäre zu schaffen

STÜTZMAUERN

Ein abschüssiges Gelände benötigt meist eine Stützmauer, die den oberen Hang abfängt. Sie sollte fachmännisch konstruiert sein, da sie dem Gewicht des Bodens und des darin enthaltenen Wassers standhalten muss. Bei einer langen und hohen Stützmauer sollte man sich unbedingt von einem Bauingenieur beraten lassen. Die Mauer muss eine breite Basis haben und auf einem festen Unterbau errichtet werden. Stützmauern werden häufig aus Betonblöcken gebaut und anschließend verkleidet. Falls sie quer über die gesamte Breite des Gartens gezogen werden, sollten sie nicht abrupt an der Grenze enden, sondern an ihr weiterlaufen (wie im Gartenplan links), um zu verhindern, dass die Erde gegen den Zaun aufgetürmt wird. Auch alte Eisenbahnschwellen ergeben in der entsprechenden Umgebung eine einfache, aber ansprechende Stützwand.

► ELEGANTER STEIN *Die Mauer ist mit Natursteinen aus der Umgebung verkleidet. Die Ziegeleinfassungen an ihrem Fuß erleichtern das Rasenmähen.*

▼ HOLZSTUFEN *Mit ausgedienten Eisenbahnschwellen ist leicht und schnell eine Mauer aus niedrigen, robusten Holzstufen angelegt.*

FLIESSENDE GRENZEN

EIN GARTEN WIRKT GROSSZÜGIGER, wenn seine Grenzen hinter üppigen Pflanzen verborgen sind. Bei fließenden Übergängen zu den Bäume und Sträuchern des Nachbargartens scheint er sogar über seine eigentlichen Grenzen hinauszugehen, und unerwünschte Ausblicke werden vollständig abgeschirmt. Die Zäune bekleiden Schling- und Kletterpflanzen und die Gartenmitte – kreisförmige Rasenflächen – ist von Gehölzen »umschlossen«.

WUNSCHLISTE

- Gepflasterter Essplatz am Haus, leicht zugänglich von Küche und Wohnzimmer
- Kleine, leicht zu pflegende Rasenflächen
- Kaschieren der unansehnlichen Umzäunung
- Privatsphäre durch dichte Bepflanzung, der vorhandene Baum soll erhalten bleiben
- Ruhiger Sitzplatz zum Entspannen

SICHTSCHUTZ DURCH PFLANZEN

Breite Rabatten mit viel Platz für üppige Bepflanzung lassen die Grundstücksgrenzen verschwimmen. Die Gehölze werden am besten nach Wuchshöhe gestaffelt gepflanzt, die niedrigsten nach vorne. Reizvolle Kombinationen von Blattfarben und -strukturen, wie z. B. von Bambus und Gräsern, und ausgefallenen Blattpflanzen wie Aralien erhöhen den Effekt, und für Farbe und Duft sorgen Kletterpflanzen wie Clematis und Geißblatt.

VIBURNUM RHYTIDOPHYLLUM
Ausdauernder, immergrüner Strauch mit Blüten, die zu Beeren reifen.

YUSHANIA ANCEPS
Der immergrüne, bis zu 4 m hohe Bambus eignet sich als Schallschutz.

ACTINIDIA KOLOMIKTA
Auffallende Kletterpflanze mit herzförmigen Blättern für windgeschützte Mauern.

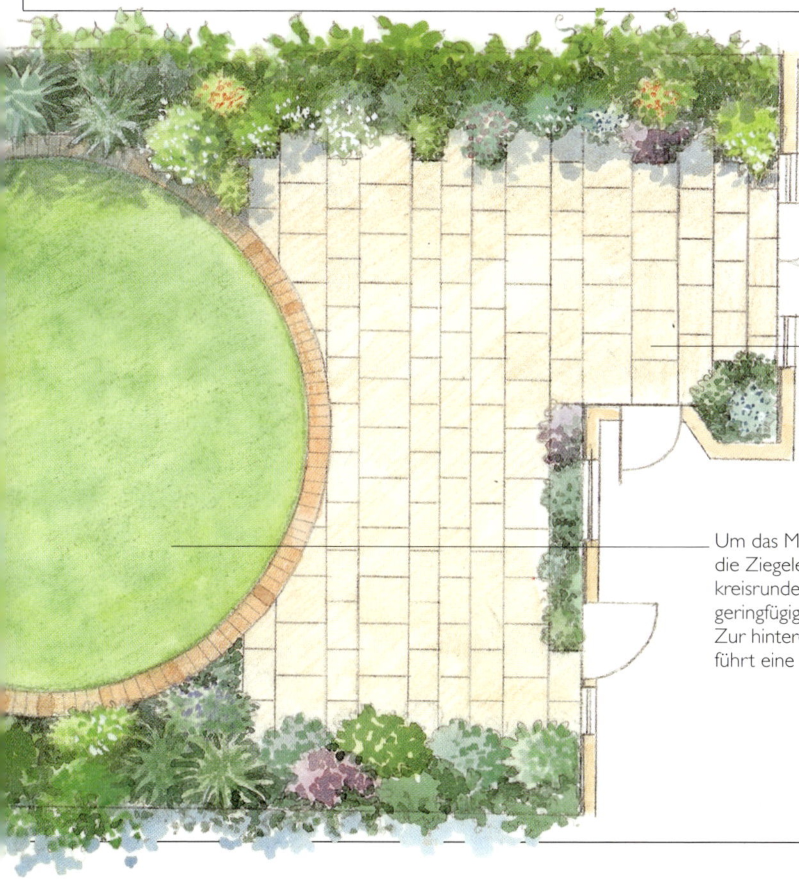

Die Platten in den zwei Größen von 45 x 45 und 45 x 30 cm sind in einem Verband verlegt, der den Garten optisch verbreitert.

Um das Mähen zu erleichtern, ist die Ziegeleinfassung der beiden kreisrunden Rasenflächen geringfügig tiefer gelegt. Zur hinteren Rasenfläche führt eine 10 cm hohe Stufe.

UNTERSCHIEDLICHE HÖHEN

SELBST IN VÖLLIG FLACHEM GELÄNDE kann man leicht einen Garten mit unterschiedlichen Ebenen anlegen. Hier erstrecken sich die beiden ersten Absätze über die gesamte Breite des Gartens, um ihm möglichst viel Weite zu geben. Der letzte, schmalere Absatz führt in die Ess- und Grillecke. Durch hochkant verlegte Ziegel sind alle Stufen einheitlich 10 cm hoch, eine Tritthöhe, die nicht zum Stolpern verleitet *(siehe S. 27)*. Für das Fundament der Pflasterflächen aus verdichteter Erde und Schotter muss Mutterboden abgetragen werden, mit dem man anschließend die Hochbeete auffüllen kann *(siehe S. 17)*.

Essplatz mit eingemauerten Bänken und Stauraum unter den Klappsitzen

Eingemauerter Grill mit einer Umrandung aus Fliesen und Stauraum

Abwechslungsreiche Bepflanzung mit Stauden und Sträuchern, davon einige mit charakteristischen Wuchsformen und interessant gestalteten Blättern

Im »Läuferverband« mit ihrer Länge quer zum Garten verlegte Ziegel machen ihn optisch breiter

Hochbeet von 90 cm Höhe, passend zur Gartenmauer aus Ziegeln

Auf Stoß verlegte Betonplatten in den zwei Größen von 45 x 45 und am Haus von 45 x 30 cm in einer passenden Farbe zu den Ziegeln

Stufen aus hochkant gestellten Ziegeln ziehen sich über die ganze Breite des Gartens, um ihn optisch zu verbreitern

WUNSCHLISTE

- Gemauerter Grill- und Essplatz mit Stauraum
- Zum Haus passendes Pflaster
- Minimaler Pflegeaufwand
- Interessante Anlage mit verschiedenen Ebenen, die den langweiligen Grundriss kaschiert
- Sträucher, Stauden und Kletterpflanzen zum Auflockern von Mauern und Pflasterflächen
- Plätze für Kübelpflanzen

VERLEGEMUSTER

Pflaster gibt es meist in zwei Varianten: Naturstein mit gesägten Kanten, der häufig in unregelmäßigem Verband verlegt wird, und industriell gefertigte Platten, Ziegel und Pflastersteine, die man zu Mustern legen kann *(siehe S. 24)*. Die Abmessungen der Platten und das gewünschte Muster bzw. der »Verband« geben die Maße der befestigten Flächen vor. Es ist ratsam, das Pflaster als Vordergrund für die Pflanzen zurückhaltend zu gestalten, andererseits können Muster bewusst eingesetzt werden, um eine größere Länge oder Breite des Gartens vorzutäuschen, oder um verschiedene Elemente zu einem ausgewogenen Bild zusammenzufügen.

◄ KLARE LINIEN
Abwechselnd verlegte Eisenbahnschwellen und Granitblöcke ergeben ein ebenso einfaches wie schönes Muster, dessen auffällige Linien dazu beitragen, den Garten optisch zu verbreitern oder verlängern.

▼ GITTERNETZ
Ein ausdrucksvolles Raster aus Ziegeln und Platten verändert den urspünglichen Eindruck von den Ausmaßen des Gartens. Das Muster bestimmt dabei Form und Größe der Pflanzbereiche.

IM BLICKPUNKT

DIESER GARTEN IST IN EINEM WINKEL VON 45° zum Haus an der Diagonale, der längsten Linie, ausgerichtet, wodurch ein geräumiger Eindruck entsteht *(siehe S. 23, 54 und 68)*. Der Kies in der Mitte hat den Nachteil, dass er leicht an den Sohlen haftet, die man aber auf der gepflasterten Fläche zur Terrassentür leicht wieder abstreifen kann. Der Blickfang in der Mitte fügt die einzelnen Elemente zu einem geschlossenen Bild zusammen.

Entlang der Umzäunung gepflanzte Ranken, teils immergrün oder mit duftenden Blüten

Sitzbank in der 75 cm hohen Mauer des Hochbeets, das auch als Rückenlehne dient, behandelt mit blauer Holzschutzlösung.

Armillarsphäre (ein historisches astronomisches Instrument) als zentraler Blickfang, umgeben von Buchskugeln *(Buxus sempervirens)*

Rabatte mit niedrigen bis mittelhohen, Laub abwerfenden und immergrünen Blütensträuchern und Stauden

Das klare Wasser des kleinen Beckens reflektiert das Licht.

Platten von 45 x 45 cm, auf Stoß und in einem Winkel von 45° zum Haus verlegt.

WUNSCHLISTE

- Ein möglichst weiträumig wirkender Garten
- Streng gegliederte, ganzjährig interessante Anlage.
- Geringer Pflegeaufwand
- Ein Baum als Schattenspender und Schutz gegen Einblicke
- Farbige Akzente
- Kleines Wasserbecken
- Sitzplatz
- Platz für eine Gartendekoration

Paulownia tomentosa (Paulownie)

Zentrale Kiesfläche *(angelegt wie auf S. 45)*; sie liegt etwas tiefer als die Ziegeleinfassungen, damit der Kies sich nicht bis auf die Terrasse und in das Wasserbecken ausstreut.

Mit Ziegeln eingefasste, 10 cm hohe Stufe. Alle Ziegelbänder haben kobaltblau glasierte Blöcke an den Enden.

AKZENTE SETZEN

Ein Blickfang lenkt das Auge in eine bestimmte Richtung oder setzt überall im Garten reizvolle Akzente. Attraktive Blickfänge sind Statuen oder Skulpturen wie eine Sonnenuhr, eine Vogeltränke, Keramiktöpfe, Urnen oder schöne Pflanzen mit auffallenden Blättern und Farben. Am besten wirken sie in der Mitte des Gartens, am Ende einer langen Sichtachse oder als ebenso dekorative wie nützliche Verbindung zweier Gartenräume *(siehe S. 34)*. Zwischen Pflanzen versteckt sorgen sie für überraschende Momente.

◄ BLATTKRONEN
Ausgefallene Blattkronen wie die lanzettförmigen Blätter von z. B. Phormium *oder* Yucca *heben sich deutlich vom Grün ihrer Umgebung ab. Auch das Pflanzgefäß sollte dem besonderen Platz gerecht werden.*

▼ EIN WÜRDIGER RAHMEN
Vor dem Hintergrund des feinen Flechtgitters eines Bogens kommt die Sonnenuhr erst richtig zur Geltung.

EIN ANSTEIGENDER HANG

EIN VOM HAUS AUS ANSTEIGENDER HANG kommt einem, besonders auf die gesamte Länge gesehen, entgegen und lässt den Garten beengter wirken. Dieser Effekt kann durch die Anlage von zwei mit einer Treppe verbundenen Ebenen verringert werden *(siehe auch den abfallenden Hanggarten auf S. 34)*. In diesem Garten trennen aus alten Eisenbahnschwellen gebaute Hochbeete die obere von der unteren Rasenfläche. Die breite Pergola verstärkt den Eindruck von Weite; ihr Gegenstück rahmt den Durchgang neben dem Haus ein.

Zwei passend zur Symmetrie des Gartens gepflanzte Ebereschen *(Sorbus aria ›Lutescens‹)*

Die berankte Pergola (aus druckimprägnierten Kanthölzern, *siehe S. 49*), im selben Blau gebeizt wie ihr Gegenstück, dient gleichzeitig als Trennelement und als »Tor« zum oberen Garten.

Stützmauer mit einer Treppe in der Mitte, gebaut aus alten Bahnschwellen.

Oberer Rasen mit einer Mähkante aus Ziegeln

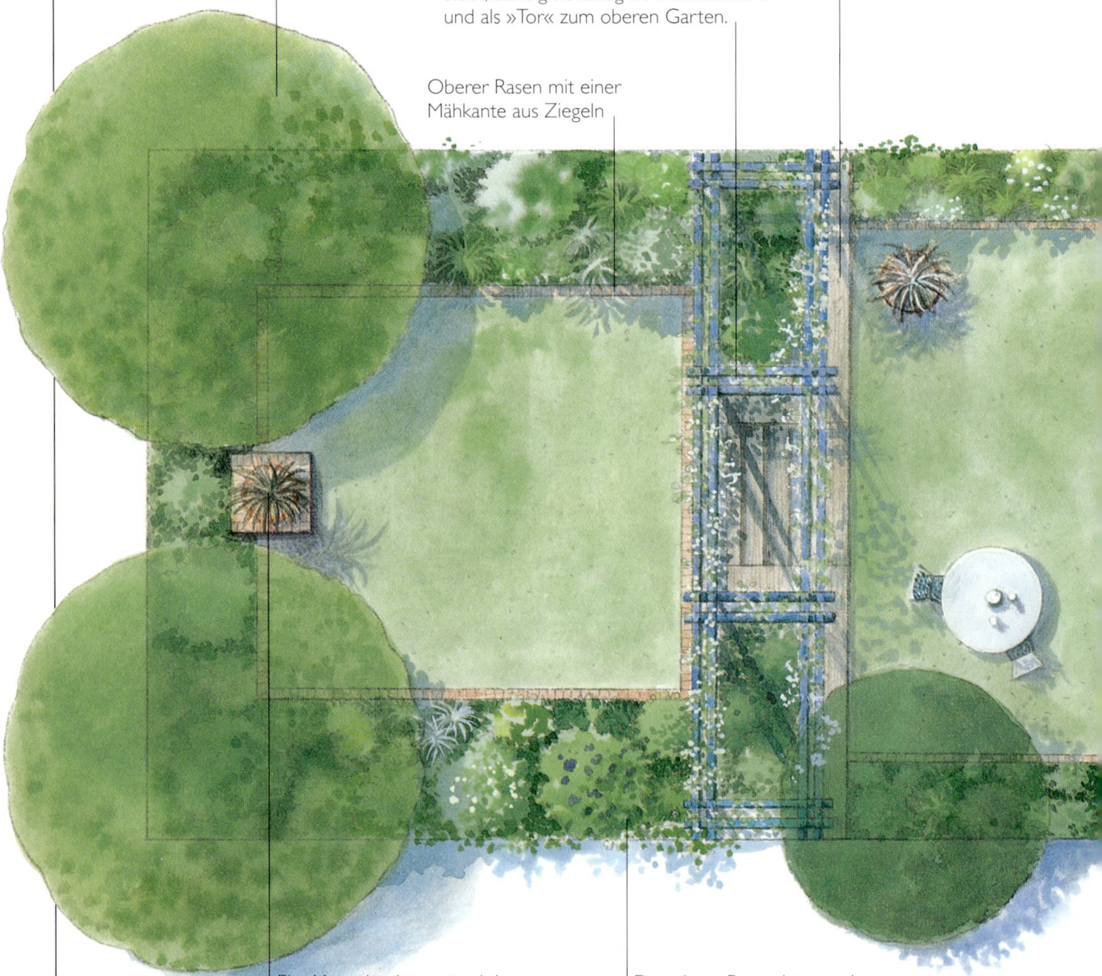

Eine Yucca in einem attraktiven Pflanzkübel als Blickfang am Ende einer geraden, auf die Treppenmitte ausgerichteten Linie. Eine zweite Yucca verschönert den unteren Rasen.

Der obere Rasen ist umgeben von Rabatten mit ganzjährig attraktiven, hohen bis weniger hohen Blütensträuchern

WUNSCHLISTE

- Zwei getrennte Rasenebenen
- Berankte Pergola als Abtrennung zwischen den Räumen
- Niedrige Bäume am Ende des Gartens zur Abschirmung der Nachbarhäuser
- Sitz- und Essplatz für zwei im lichten Schatten
- Bepflanzung, die das ganze Jahr über Anreize bietet

Unterer Rasen mit einer leicht abgesenkten Ziegeleinfassung, die das Mähen erleichtert und das Kantenschneiden überflüssig macht.

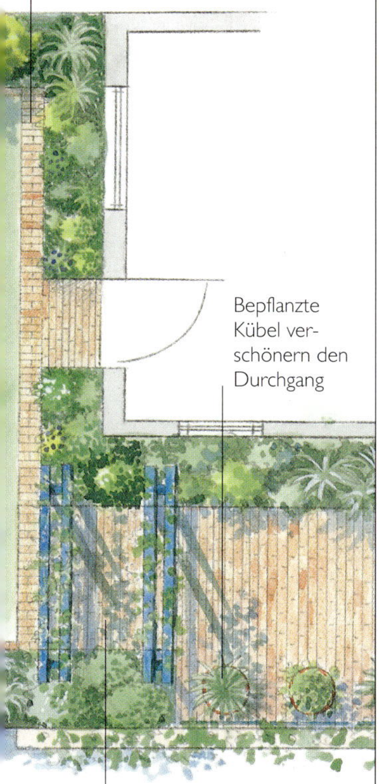

Blau gebeizte Pergola über dem Ziegelweg zum Garten

STUFEN ANLEGEN

Ansprechend gestaltete Treppen erfüllen nicht nur ihren Zweck, sie verschönern auch den Garten. Meist werden sie passend zum Pflaster aus Ziegeln oder Platten angelegt, je nach Stil des Gartens sind auch Eisenbahnschwellen gut geeignet, die sich besonders schnell und leicht verlegen lassen. Die Stufen sollten alle gleich hoch sein *(siehe S. 27)*, lange Treppen möglichst durch regelmäßige Absätze unterbrochen werden. Stufen eines Wegs überspannen am besten seine ganze Breite. Der Aufgang in einer Stützmauer muss von vornherein mit eingeplant werden. Stufen sind sicherer und leichter zu erkennen, wenn die Trittfläche leicht übersteht, im Dunkeln benutzte Treppen sollten beleuchtet werden *(siehe S. 55)*. Die richtigen Leuchten schaffen überdies zauberhafte Stimmungen im Garten.

◄ ZU NEUEN HÖHEN *Die zwei einfachen Stufen in der Mauer wurden aus zueinander passenden Ziegeln gebaut.*

▼ TREPPENFLUCHT *Auf die flache Seite gelegte Bahnschwellen, verfüllt mit Schotter und Kies, sind das geeignete Material für einen leicht gewundenen Aufgang.*

Ein frei gestalteter Kiesgarten

Kiesflächen sind ideal für einen weniger streng gegliederten Garten, da sie weiche Übergänge zu den Pflanzen schaffen, für die sie auch einen guten Nährboden ergeben. Eine Pergola bildet das »Tor« zwischen der Terrasse, dem Sitzplatz im Garten und der Bank unter einer kleinen Zierkirsche. Zu hören ist das leise Plätschern eines Mühlsteinbrunnens, der passend zum Kies mit Flusskieseln eingefasst wurde.

Sitzbank und Holzpergola, beide passend zur Pergola am Haus gebeizt, im Schatten der Zierkirsche

Kies im passenden Farbton zu Terrasse und Haus; ideal für eine Fläche dieser Größe ist eine Körnung von 10–14 mm.

WUNSCHLISTE

- Frei gestalteter Kiesgarten
- Privatsphäre, abgeschirmt von den Nachbarn (unter Einbeziehung des vorhandenen Baums am Gartenende)
- Plätschern eines kleinen Wasserspiels
- Interessante, plastisch wirkende Pflanzen für einen beigeisterten Gärtner
- Terrasse aus Steinplatten direkt am Haus
- Essplatz im Freien
- Sitzplatz im Halbschatten
- Berankte Pergolen
- Bepflanzte Kübel für die Terrasse

PFLANZEN FÜR DEN KIESGARTEN

Pflanzen mit ausgeprägten Formen und Farben bilden einen perfekten Kontrast zu Kies. Da er jedoch ein idealer Nährboden für sich selbst aussäende Pflanzen und Unkräuter ist, muss man die gewünschten Flächen von Bewuchs freihalten. Dazu wird der Mutterboden bis auf den festen Untergrund abgetragen und die Fläche – falls erforderlich – mit einer Zwischenschicht aus Schotter und einer 30–60 mm tiefen Schicht Kies aufgefüllt. Als zusätzlicher Schutz gegen Unkraut kann die Vertiefung zuvor noch mit einem geeigneten Vlies oder schwarzer Folie abgedeckt werden. Für die Bepflanzung werden einfach entsprechende Pflanzlöcher gestochen und mit Muttererde gefüllt. Kiesmulch unter den Pflanzen verbindet sie harmonisch mit ihrer Umgebung.

STRENGE MASSSTÄBE
Phormium *mit seinen strengen, grünen, violetten oder panaschierten Blättern passt ausgezeichnet zu Kies.*

STACHELIGE GEISTER
Eryngium giganteum *(Elfenbeindistel) schimmert in der Dämmerung. Die Pflanzen sind zweijährig und selbst aussäend.*

GRÜNE RÄNDER
Die grünlichen Blütenkaskaden der Alchemilla conjuncta (oben) *oder* A. mollis *überspielen den Rand der Kiesflächen.*

BIZARRE FORMEN
Agaven sind attraktiv, aber nur bedingt winterhart. Sie werden mit dem Topf »versenkt« und überwintern unter Glas.

Geometrische Formen

Wer einen anstrengenden Beruf ausübt, wünscht sich meist einen Garten, der wenig Pflege braucht, was meist den Verzicht auf Rasenflächen bedeutet. Dieser zum Entspannen und zum Feiern einladende Garten wurde mit einem ausgeprägten geometrischen Muster aus Betonflächen gestaltet, die ihre interessante Struktur von den freigelegten Steinen erhalten. Die Ziegelbänder der Einfassungen sorgen für Farbkontraste; die Flächen sind rutschfest.

WUNSCHLISTE

- Geringer Pflegeaufwand, kein Rasen. Pflegeleichte Bepflanzung mit Blütensträuchern, die zu allen Jahreszeiten reizvoll sind
- Ein Gartenpavillon und weitere Sitzplätze für Gäste und zum Entspannen
- Platz für eine Sonnenuhr aus dem viel bewunderten Garten von Verwandten
- Plätschern eines Wasserspiels

VIELSEITIGER BETON

Obwohl er meist als unschön angesehen wird, ist Beton ein vielseitiges und relativ preiswertes Material, das besonders gut mit freigelegten Zuschlägen – den Steinen in der Betonmischung – zur Geltung kommt. Farbe und Struktur variieren mit Art und Größe der verwendeten Steine, die freigelegt werden, indem der noch »grüne« Beton – er hat einen grünlichen Schimmer bevor er abbindet – leicht abgebürstet wird. Beton wird direkt vor Ort gegossen und braucht eine Einfassung aus Holz, Ziegeln oder Pflasterplatten, die man auch dekorativ einsetzen kann.

► FLÄCHEN GESTALTEN
Je nach Größe der eingeschlossenen Steine zeigt der Beton grobe oder feine Strukturen.

▲ KONTRASTE SETZEN
Beton läßt sich in jede beliebige Form gießen und wie hier durch Ziegelbänder verzieren.

Mehrere rautenförmige Flächen bilden den ungewöhnlichen Weg vom Haus in den Garten.

Holzbank als Gegenpol zu der Sonnenuhr auf der gegenüberliegenden Seite

EIN DREIECKIGER GRUNDRISS

AUCH BEI EINEM UNREGELMÄSSIGEN oder sehr ungünstigen Grundriss lässt sich der gewünschte Eindruck von Großzügigkeit erzielen. Der Weg in diesem langen, wie ein Dreieck geformten Garten lenkt den Blick von einer Seite zur anderen, die im Winkel zum Haus stehende Pergola in der Mitte unterteilt den Garten der Länge nach in zwei getrennte Bereiche. Auch eine ungünstige Ecke am Ende des Gartens kann durchaus nützlich sein, z. B. um das Gerätehaus unauffällig unterzubringen.

Die dichte Bepflanzung mit hohen und mittelhohen, immergrünen und Laub abwerfenden Gehölzen verdeckt die Umzäunung.

Abgesenkter Sandkasten (mit Abdeckung), der leicht vom Haus aus zu überwachen ist. Sechs Pflasterplatten wurden für später zurückbehalten, wenn er nicht mehr gebraucht wird.

Der kleine Baum auf der Grenze blieb erhalten.

WUNSCHLISTE

- Gepflasterter Spielbereich am Haus mit kleinem, abgesenktem Sandkasten
- Größtmögliche Rasenfläche
- Üppige Bepflanzung zum Abschirmen der Grundstücksgrenzen
- Einige kleine bis mittelhohe Bäume
- Pergola für Kletterrosen und Geißblatt
- Kleines, unauffälliges Gerätehaus

Ein halbhoher Baum und eine Pergola unterteilen den Garten der Länge nach, die Pergola bildet gleichzeitig das »Tor« zwischen den beiden Gartenräumen. Der Weg führt zu einer Bank im Baumschatten und dem Gartenhaus, das in die hinterste Ecke verbannt wurde.

Hochbeet von 45 cm mit Ziegelmauern

Abwechslungsreiches Pflaster aus Platten und Ziegeln für Terrasse und Wege

Die breite Rabatte mit hohen, z. T. immergrünen Gehölzen im Hintergrund schützt den Garten vor Einblicken vom Nachbarhaus.

EIN PLATZ FÜR DIE PERGOLA

Pergolen sind eine Bereicherung für jeden Garten, nicht nur als Stütze für Kletterpflanzen, auch z. B. als »Tor« zwischen verschiedenen Bereichen, als Rahmen für einen Blickfang oder eine Aussicht, und, wie im Garten links *(und auf S. 42)*, als optische Trennung verschiedener Bereiche. Sie sollten mindestens 2,25 m hoch sein, entsprechend höher für Kletterpflanzen und für Hängepflanzen. Für Glyzinen z. B. sollte die Höhe mehr als 2,5 m betragen. Da sich der Wind in ihnen fängt, müssen Pergolen umso stabiler sein, je größer und je üppiger sie begrünt sind.

▲NATURHOLZ
Eine Pergola für Kletterpflanzen sollte aus dauerhaftem Material bestehen, z. B. aus druckimprägniertem Holz, das mit einem (farbigen) Holzschutzmittel behandelt wird.

◄LEICHTGEWICHT
Metall verleiht einer Pergola eine gewisse Leichtigkeit. Aber ganz gleich, aus welchem Material sie konstruiert ist, sie muss sicher verankert werden und dem Gewicht der ausgewachsenen Pflanzen standhalten.

Schatten und Musse

Plätze im lichten Schatten sind angenehm zum Entspannen, besonders im Sommer, und ideal, wenn man gern draußen isst. Sogar in städtischer Umgebung kann man leicht eine parkartige Atmosphäre mit viel kühlendem Grün schaffen. Den schönsten Schatten bieten die hohen Kronen der Felsenbirne, der *Robinia pseudoacacia* 'Frisia' und Kirschen wie *Prunus sargentii*. Eine Bank mit aufklappbarer Sitzfläche unter einem Baum *(siehe unten)* sorgt für Stauraum.

WUNSCHLISTE

- Gepflasterte Terrasse am Haus
- Eine frei gestaltete Kiesfläche, umgeben von den Lieblingspflanzen – Farnen, Bambus, Spierstrauch, Hortensien, Christrosen und Funkien
- Sitzbank unter dem Baum in der Mitte des Gartens
- Stauraum für Gartengeräte
- Ein abgeschiedener Platz zum Lesen

Gruppe von Weißbirken *(Betula pendula)*

Laube aus geflochtenen Weidenzweigen

Zwei Stufen aus hochkant gestellten Ziegeln führen zur Kiesfläche, die etwas unterhalb der Ziegelkante endet, damit sich der Kies nicht über sie ausstreut.

Kurze, quer zum Garten verlegte Ziegelbänder in der Terrasse aus Steinplatten verstärken den Eindruck von Weite.

VERSTECKTE LAUBEN

Ruhige, abgeschiedene Gartenlauben, in die man sich zurückziehen kann, waren in den berühmten klassischen Gärten häufig rustikale Gebilde mit knorrigen Ästen und aufwendigem Zierrat. Heute sind sie meist viel bescheidener und auch z. B. als Bausatz aus dem Katalog erhältlich. Das Material – Drahtgeflecht, Holz oder Weide *(siehe unten)* sollte zum Stil des Gartens passen. Aus vorbehandelten Hölzern und Gitterwänden, falls gewünscht in einer passenden Farbe gebeizt oder gestrichen, sind sie auch leicht selbst zu bauen, und wenn man duftende Kletterpflanzen an ihnen zieht, ist der Platz immer von intensiven Düften umgeben. Am besten steht eine Laube im lichten Schatten am Rande dichter Bepflanzung, mit Blick über den ganzen Garten oder auf die umliegende Landschaft, wenn der Garten einen schönen Ausblick hat.

▲ LÄNDLICHE ZUFLUCHT
Die ganz aus Hasel- und Weidenzweigen geflochtene Laube vor dem grünen Blattwerk von Bäumen und Sträuchern hat viel ländlichen Charme.

◄ GRÜNES VERSTECK
Etwas für Enthusiasten: eine aus lebender Weide gezogene Laube, die regelmäßig geschnitten werden muss. Ein Fachhändler berät Sie über die geeigneten Sorten.

EIN GARTEN FÜR DIE FAMILIE

ÄLTERE KINDER BRAUCHEN EINEN GARTEN mit viel Rasen zum Ballspielen und, wenn es der Platz erlaubt, eine eigene (wie unten mit niedrigen Palisaden) abgetrennte Spielecke. Klettergerüste sollten mit kleinen oder halbhohen Bäumen zu den Nachbarn hin abgeschirmt werden, so dass sie sich nicht beobachtet fühlen müssen. Höchste Priorität hat die Sicherheit (siehe rechts). Ein Gartenhaus zur Unterbringung von Fahrrädern, Spielzeug, Gartenmöbeln und Geräten ist unerlässlich, denn zusätzlich kann es auch als Werkstatt genutzt werden.

WUNSCHLISTE

- Große Rasenfläche zum Ballspielen, von unverwüstlichen Gehölzen umgeben
- Spielbereich mit sicherem Bodenbelag
- Sitzplatz unter dem alten Walnussbaum
- Großes, bequem zugängliches Gartenhaus als Werkstatt und für Geräte
- Gemauerter Grill für Familienfeste
- Kleiner Kräutergarten mit Hochbeeten

Rasen mit genügend Platz zum Ballspielen, eingesät mit einer besonders »belastbaren« Rasenmischung

Gartenbank unter dem Walnussbaum

Der Baum blieb erhalten und schirmt mit einigen unverwüstlichen Sträuchern den Grillplatz gegen den Rasen hin ab.

Abgrenzung der Spielecke durch zum Eingang hin niedriger werdende Palisadenhölzer, die verhindern, dass sich der Rindenmulch auf den Rasen ausbreitet.

Spielecke mit Klettergerüst, Schaukel, Rutsche, darunter eine dicke Schicht Rindenmulch, die gegen Verletzungen schützt.

Halbhohe Bäume als Abschirmung der Spielecke zum Nachbargarten

DIE SPIELECKE

Sicherheit ist das oberste Gebot für die Spielecke *(siehe S. 15)*. Ob selbst gebaut oder gekauft, alles muss sicher installiert sein, Schaukel und andere Geräte müssen genügend Platz haben und regelmäßig überprüft werden. Eine dicke Schicht Spielsand oder Rindenmulch unter den Geräten schützt vor Verletzungen. Die Geräte müssen nicht besonders ausgeklügelt sein, sie sollen vor allem die Phantasie anregen.

▲SANDKISTE
Plastikmatten bieten eine Fläche für Spielautos und können gleichzeitig als Abdeckung gegen Verschmutzung durch Tiere dienen.

◄LEITERN UND SCHAUKELN
Spielgeräte aus nicht splitterndem Holz fügen sich gut in die Umgebung ein. Bauelemente aus Kunststoff sind leicht zusammenzubauen.

EIN PLATZ FÜR GÄSTE

HÄUFIG WÜNSCHT MAN SICH SICH ein »Zimmer im Freien«, in dem man mit Familie und Freunden zusammensitzen kann. Wie die Gärten auf den Seiten 40 und 68 ist dieser in einem Winkel von 45° angelegt, um größtmöglichen Platz für den Grill und die Essecke zu schaffen. Das Plätschern eines Wasserspiels und das üppige Grün der Pflanzen schaffen eine entspannte Atmosphäre.

WUNSCHLISTE

- Ein Grill- und Essplatz, im Sommer leicht überschattet
- Geringer Pflegeaufwand
- Dezente Beleuchtung um den Essplatz
- Leises Plätschern von Wasserspielen, die auch angestrahlt schöne Akzente setzen
- Exotisches Flair durch üppige Pflanzen mit plastisch stark ausgeprägten Blättern

In der Form des Tisches wiederholt sich das Halbrund aus Ziegelmauern um den Essplatz, der im lichten Schatten unter einem von Kletterpflanzen bewachsenen Balkendach angelegt ist.

Das Wasser fällt leise über den Stein, der die beiden 45 und 30 cm hohen Becken miteinander verbindet. Die Mauern des oberen haben eine bequeme Sitzhöhe.

Zwei geringfügige Erhöhungen mit Stufen aus hochkant gestellten Ziegeln machen das ebene Grundstück interessanter.

Die abwechselnd verlegten Platten und Ziegel wirken durch das diagonale Muster weiträumig.

GARTENBELEUCHTUNG

Die Beleuchtung verlängert die Stunden, die man im Garten, zusammen mit Freunden, verbringen kann, und sie erhöht die Sicherheit von Stufen, steilen Wegen und Eingängen. Solarleuchten sind sparsam und umweltfreundlich. Über einen Transformator betriebene Niedervoltanlagen geben nur gedämpftes Licht, das eine intime Atmosphäre schafft. Stärkere Leuchten werden über mindestens 45 cm tief verlegte Erdkabel ans Netz angeschlossen (für die Terrasse am Haus reicht eine Leuchte an der Hauswand). Das Angebot ist vielfältig und mit der Installation sollte man immer einen Elektriker betrauen.

◄ RAMPENLICHT *Strahler setzen interessante Formen und Farben der Blätter oder auch Gartenskulpturen ins rechte Licht.*

▼ DÄMMERSTUNDE *Kerzenlicht schafft ein intimes Ambiente für abendliche Einladungen; die Strahler setzen den Baum in der Mitte des Gartens in Szene.*

VERSCHIEDENE GRASFLÄCHEN

EINZELNE RÄUME IM GARTEN können ganz eigene Stimmungen erhalten, wenn das Pflaster und die Bepflanzung in unterschiedlichem Stil gestaltet werden. Der Eingangsbereich am Haus ist mit praktischen Betonflächen *(siehe S. 47)* und Ziegeln befestigt. Der in unregelmäßigen Bögen angelegte, kurz gehaltene Rasen wirkt dagegen viel weicher und schafft einen natürlichen Übergang zu der Wildblumenwiese im hinteren, naturnahen Garten.

WUNSCHLISTE

- Praktische, strapazierfähige Fläche am Haus
- Rasen, umsäumt von abwechslungsreicher Bepflanzung, alte Bäume bleiben erhalten
- »Wilde« Bereiche mit Bäumen und einem abgeschiedenen Sitzplatz
- Kleiner, überschatteter Platz am Haus

Die kleinen Bäume und die Pflanzen zu beiden Seiten der Pergola verstärken die Abgeschiedenheit des hinteren Gartens *(siehe S. 22)* und schützen gegen Einblicke von außen.

Rustikaler, von Geißblatt bewachsener Bogen am Eingang zum »Wildgarten«

Gerätehaus, passend zu den Waldgehölzen mit einer dunklen Beize behandelt

Die Wiese um die Rasenfläche wird nur wenige Male im Jahr geschnitten, damit die Samen der Wildblumen ausreifen können.

Gartenbank unter der alten Roßkastanie

VOM RASEN ZUR WIESE

Eine Alternative zu herkömmlichen, kurzgehaltenen Rasen sind verschieden lang belassene Grasflächen. Eine Wiese, in die man *(wie rechts)* Pfade mähen kann, ist schnell gewachsen. Man kann sie auch *(wie in diesem Garten)* in Bögen um den Rasen stehen lassen, am schönsten ist sie mit Wildblumen übersät. Eine Wiese muss nur etwa zweimal im Jahr gemäht werden, aber keinesfalls, bevor die Wildblumen Samen ausgebildet haben. Will man einen vorhandenen Rasen in eine Wiese verwandeln, setzt man am besten junge Pflanzen ein. Für eine neu eingesäte Wiese gibt es fertige Wildblumenmischungen. Oder man schneidet das Gras zu ausgefallenen Mustern, zu einem Irrgarten oder zu konzentrischen Kreisen.

GRÜNE PFADE
Wege in hohem Gras schneidet man mit einem Wiesenmäher. Will man sie wieder ändern, wächst das Gras schnell nach.

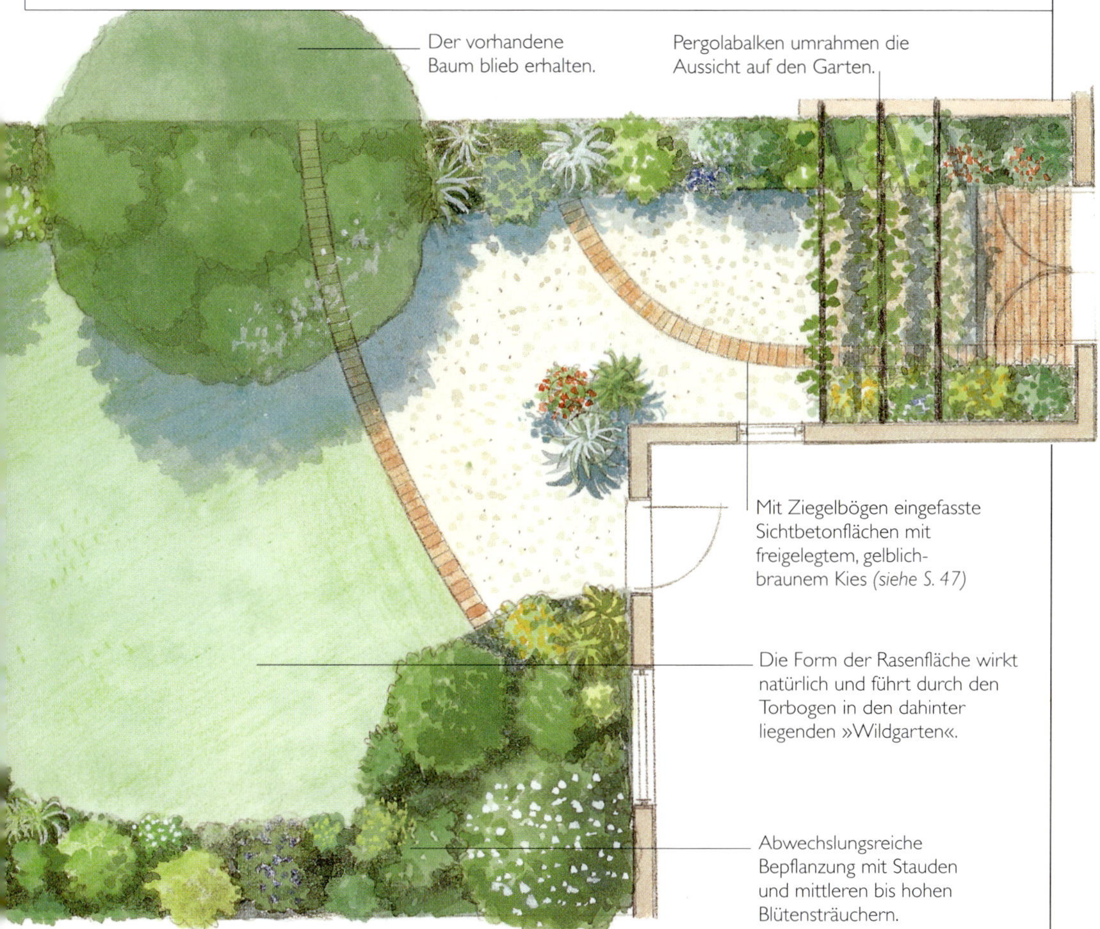

Der vorhandene Baum blieb erhalten.

Pergolabalken umrahmen die Aussicht auf den Garten.

Mit Ziegelbögen eingefasste Sichtbetonflächen mit freigelegtem, gelblichbraunem Kies *(siehe S. 47)*

Die Form der Rasenfläche wirkt natürlich und führt durch den Torbogen in den dahinter liegenden »Wildgarten«.

Abwechslungsreiche Bepflanzung mit Stauden und mittleren bis hohen Blütensträuchern.

BEHINDERTENGERECHT

DIESER GARTEN WURDE ROLLSTUHLGERECHT angelegt, er wäre ebenso günstig für jemanden mit Rückenproblemen. Die großen Pflasterflächen wirken durch die abwechselnd verlegten Ziegel und Platten verschiedener Größe aufgelockert und lebendig. Die Pflanzen wachsen überwiegend in Hochbeeten und es gibt zum Entspannen einladende Bänke und Sitzplätze.

WUNSCHLISTE

- Offene, rollstuhlgerechte Pflasterflächen; keine Stufen
- Hochbeete mit Duft- und Blütenpflanzen, die wenig Pflege erfordern
- Leicht zugängliche Ess- und Sitzplätze in Sonne und Halbschatten
- Gerätehaus
- Wasserbecken mit Fischen

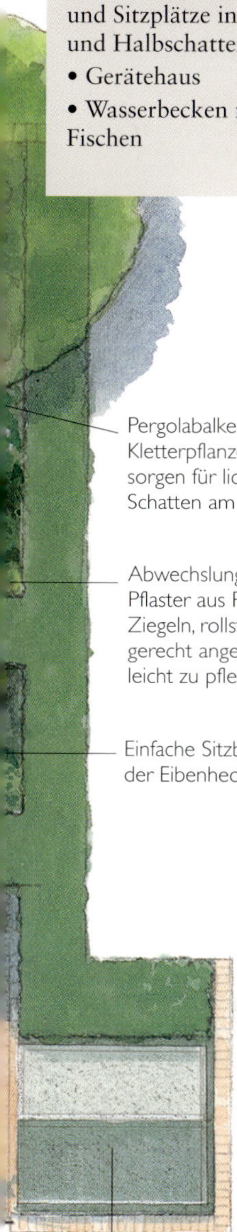

DIE ANLAGE VON HOCHBEETEN

Hochbeete werden aus Ziegeln, Holz oder Stein gebaut. Um das Gewicht der Erde abzufangen, benötigen höhere Beete ein Betonfundament in zweifacher Stärke der Stützwand. Unabdingbar ist eine gute Drainage, die durch in den Unterboden gestochene Löcher und eine Schicht Schotter unter dem 45 cm hohen Mutterboden gewährleistet ist *(siehe S. 17)*. Üblich sind Beete von 90 cm Höhe, für Rollstuhlfahrer günstiger ist eine Höhe von 60 cm – und zusätzliche Griffe oder Haltestangen an den Mauern.

◄ HÖHERE WERTE *Alte Eisenbahnschwellen oder ähnliche Holzbohlen können aufrecht oder flach übereinander gelegt verwendet werden. Palisaden werden bis zur Hälfte eingegraben.*

▼ BLÜTENKASKADEN *Hochbeete sind ideal für Hängepflanzen. Die Mauerkrone benötigt eine dichte Abdeckung aus Platten, Klinkern bzw. anderen witterungsbeständigen Ziegeln, die hochkant aufgemauert werden.*

EIN GARTEN IM SPIEGEL

GESCHICKT PLATZIERTE SPIEGEL lassen den kleinsten Garten weiträumiger erscheinen. Die unter zwei Torbögen angebrachten Spiegel dieses kleinen Innenhofs erwecken den Anschein, als ob der Garten hinter ihnen noch weitergeht. Auch die dichte Bepflanzung würde auf so engem Raum ohne die Lichtreflexe der Spiegel beengend wirken. Kleine Gärten bieten sich dazu an, mit der Wirkung von Spiegeln zu experimentieren *(siehe auch S. 68)*.

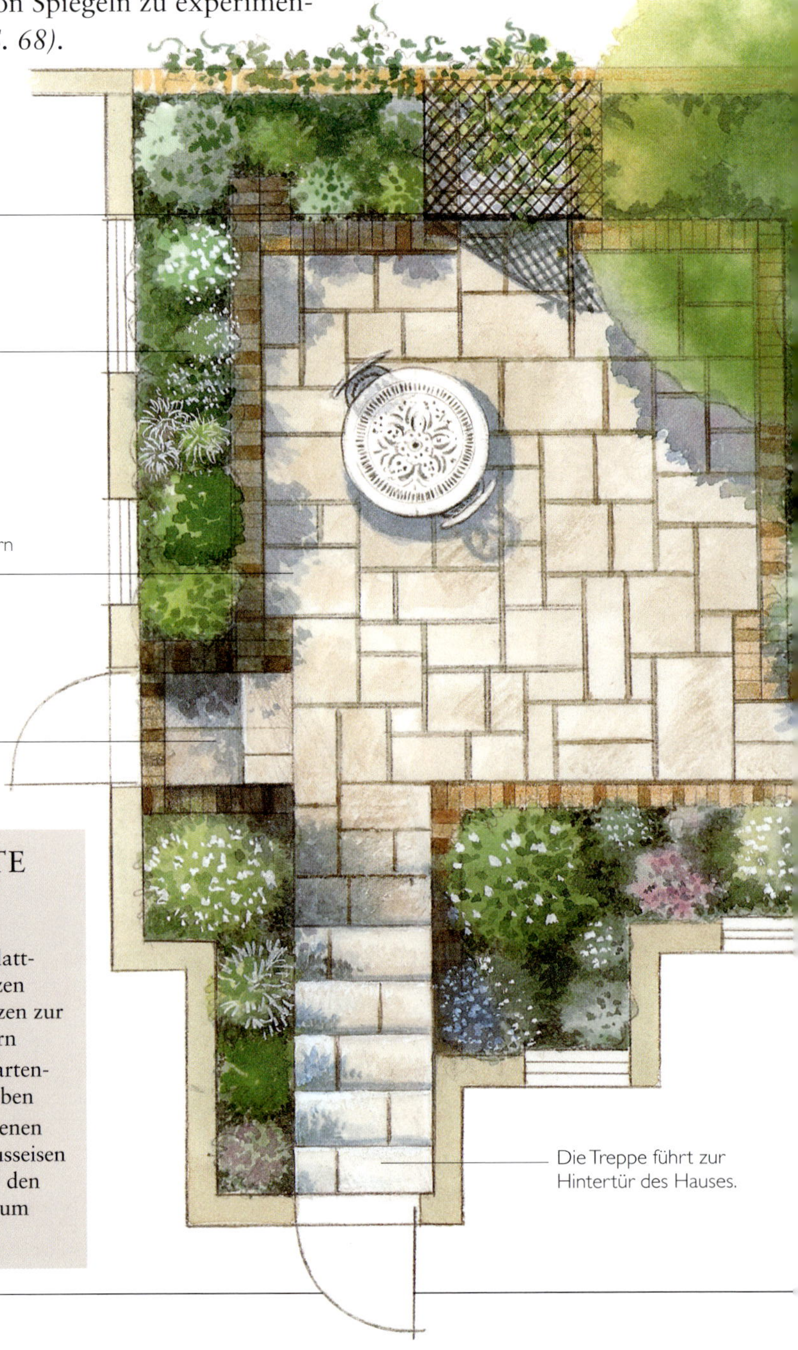

Im Spiegel unter einem Torbogen aus Schmiedeeisen erstreckt sich der Garten über seine Grenzen hinaus.

Rabatten mit immergrünen und Laub abwerfenden Blütensträuchern und Laubgehölzen

Pflaster aus Steinplatten, eingefasst mit zu den Mauern passenden Ziegeln

Kellertreppe zwischen den Stützmauern der Rabatten

Die Treppe führt zur Hintertür des Hauses.

WUNSCHLISTE

- Illusion größerer Geräumigkeit
- Viele interessante Blattpflanzen um den ganzen Hof und Kletterpflanzen zur Begrünung der Mauern
- Der Baum in der Gartenecke soll erhalten bleiben
- Ein zu den vorhandenen Gartenmöbeln aus Gusseisen passendes Pflaster für den Hof und die Treppe zum Haus

SPIEGEL RICHTIG ANBRINGEN

Spiegel für draußen müssen wetterfest sein, andernfalls kann man auch spiegelnde Stoffe oder Folien verwenden, wie sie für Schaufenster- und Bühnendekorationen benutzt werden. Für eine bessere Wirkung kann man die Spiegelränder verkleiden – mit einem Bogen oder einem Spalier, einem alten Fensterrahmen oder mit Blättern. Auch ein kleiner Teich wirkt doppelt so groß, wenn neben ihm ein Spiegel angebracht wird.

◄ AUF DEN ZWEITEN BLICK
Spiegel können zur optischen Täuschung oder auch nur als schöne Zierde dienen. Das wie ein Buntglasfenster wirkende Mosaik dieses Rahmens gibt den Pflanzen Licht und Leichtigkeit.

▼ NUR EINE ILLUSION
Der Weg scheint unter dem Torbogen weiterzuführen, ist aber nur eine geschickte Täuschung. Spiegel verfehlen ihre Wirkung, wenn sie nahe am Eingang platziert sind und man gleich beim Betreten des Gartens sein Spiegelbild entdeckt.

Der halbhohe Baum blieb erhalten. In seinem Halbschatten wachsen ausgefallene Blattpflanzen wie Bambus, Lorbeer und Farne.

Auch der zweite, hinter einem schmiedeeisernen Torbogen versteckte Spiegel täuscht dahinter liegende Gartenräume vor.

Gemischte Rabatte unter den Fenstern, mit einigen aromareichen Duftpflanzen

EIN KLEINER INNENHOF

Es ist erstaunlich, wie viele Ideen sich auf engem Raum verwirklichen lassen, vorausgesetzt, die Gestaltung bleibt einfach. Hier geht man über das Steinpflaster zur eine Stufe tiefer gelegten, mit Kies bedeckten Gartenmitte. Hochbeete, gestützt von zum Haus passenden Ziegelmauern, bestimmen die symmetrische Anlage des Gartens. Von einem Wasserspeier an der Mauer ist leises Plätschern zu hören. Am Essplatz spendet ein Dach aus Kletterpflanzen Schatten.

Hochbeet mit 60 cm hohen Ziegelmauern, symmetrisch zum gegenüber liegenden Beet angelegt

Aus dem Wasserspeier plätschert das Wasser in das erhöhte Ziegelbecken, das von einem berankten Gitter umrahmt wird.

Gartenmitte aus geharktem Kies, 15 cm tiefer gelegt als die Terrassen und eingefasst mit passenden, flach verlegten Ziegeln.

WUNSCHLISTE

- Eine Kombination aus Kies und Steinpflaster als Bodenbelag
- Symmetrische, weitgehend formale Gestaltung
- Hochbeete mit pflegeleichter Bepflanzung
- Plätschern eines Wasserspiels
- Essecke für vier Personen, überschattet von Kletterpflanzen

Ecke aus Rankgittern, überwachsen von mehreren, zu unterschiedlichen Zeiten blühenden Clematis.

Essplatz im Schatten von Weinranken, die an mit Drähten bespannten Balken gezogen wurden. Das Pflaster besteht aus Steinplatten.

Hochbeet, wie die Eckbeete mit einer Stützmauer aus Ziegeln und 60 cm hoch, auf einer Linie mit dem Wasserspeier

In unregelmäßigem Verband und einem Winkel von 45° zum Haus verlegte Steinplatten

WASSERSPIELE

Wasserspiele für einen kleinen Garten sollten möglichst einfach sein, ganz unabhängig von Größe und Stil *(siehe S. 16)* muss man sich aber immer von einem Fachhändler über die bestgeeigneten Abdichtungen, Pumpen und Fontänen beraten lassen. Da fließendes Wasser im Garten Strom benötigt, plant man die Leitungen am besten von Anfang an mit ein, bevor das Pflaster verlegt wird. Kein Garten braucht so auf ein Wasserspiel zu verzichten: einen Wasserspeier (siehe unten), einen Mühlsteinbrunnen und Quellsteine *(wie in den Gärten auf S. 44, 50 und 54)* mit leicht überlaufenden Kaskaden, die besonders geeignet sind, wenn Kinder den Garten nutzen, da sie ohne Wasserbecken auskommen.

▲ LÖWENANTEIL
Ein verwitterter Trog voller Flusskiesel fängt das Wasser aus dem Mauerbrunnen auf.

◄ WASCHZUBER
Ein halbiertes Fass oder ein Bottich aus Gusseisen oder glasierter Keramik wird ohne großen Aufwand zu einem kleinen Teich. Es ist ratsam, solche Kübelteiche im Winter ins Haus zu holen.

PLATZ FÜR EINEN GEMÜSEGARTEN

SELBST IN EINEM KLEINEN GARTEN gibt es Platz für Gemüse, ohne dass das Gesamtbild gestört wird. Die meisten Küchenkräuter und z. B. Salat oder an dekorativen »Zelten« rankende Stangenbohnen kann man zwischen anderen Gewächsen ziehen; andere brauchen einen eigenen Bereich in der Nähe von Kompost und Gewächshaus. Hier wurde der Gemüsegarten hinter einer Hecke verborgen, die gleichzeitig entscheidend zum Gesamtbild des Gartens beiträgt.

WUNSCHLISTE

- Platz für einen Gemüsegarten mit kleinem Gewächshaus und einer doppelten Komposttonne
- Terrasse mit Wasserbecken und fest eingebautem Grill
- Kräuterbeet in der Nähe der Küche
- Schuppen für Fahrräder und Platz für Wäschespinne und Müllcontainer

Größtenteils von der Hecke abgeschirmter Nutzgarten. Der vorhandene Baum blieb als Schattenspender für die Bank erhalten – ein Zugeständnis, denn an sich lässt sich Gemüse besser in von Baumwurzeln freier Erde und voller Sonne ziehen.

Rabatte mit kleinwüchsigen Stauden und Sträuchern am Fuß der Hecke

Doppelte Komposttonne, eine zum Auffüllen, in der zweiten kann der Kompost ungestört verrotten.

Freistehendes Gewächshaus, ebenso wie die Komposttonnen und Gemüsebeete leicht zugänglich von den Ziegelwegen

In Form geschnittene Hecke vor mittleren bis hohen Blütensträuchern, die die Gartengrenzen verdecken

Der kleine Baum blieb erhalten.

NUTZEN UND ZIERDE GUT KOMBINIERT

Meist müssen im Garten auch weniger schöne, aber nützliche Elemente wie Wäscheleine, Müllcontainer und Gerätehaus untergebracht werden. Um dies zufriedenstellend zu lösen, plant man sie am besten gleich von Anfang an mit ein. Müllcontainer lassen sich hinter einem Rankgitter verbergen, Stauraum stellt vergleichsweise höhere Ansprüche. Klappbänke *(siehe S. 50)* sind ideal für Werkzeug, ein eingebauter Grill sollte Ablagefächer bekommen. Phantasievoll bemalt oder platziert wird auch das Gerätehaus eine Zierde für den Garten *(siehe S. 29)*.

HÄNGENDE FRÜCHTE
Kürbispflanzen können wie Obstbäume zu einem dekorativen und ertragreichen Bogen gezogen werden.

SCHRÄGER SCHUPPEN
Dieses Gartenhaus hat Platz für Sämlinge und Geräte – und ein Frühbeet hinter den Glasschiebetüren der Schräge.

FORMALE STRENGE

STRENG GEGLIEDERTE GÄRTEN erinneren an die ruhige Ordnung alter Klostergärten und vermitteln ein Gefühl von Stille und Gelassenheit wie dieser Garten mit regelmäßig angelegten Buchsbeeten und Ziegelflächen im Fischgrätmuster zu beiden Seiten einer strengen Mittelachse. Symmetrische Gärten werden meist mit traditionellen Häusern assoziiert, können aber, wenn man ungewöhnliche Materialien verwendet, auch bei modernen Häusern eindrucksvoll sein.

WUNSCHLISTE

- Strenger Stil mit symmetrischer Anordnung
- Ganzjährig reizvolle Gestaltung
- Beete mit Einfassungen aus formgeschnittenem Buchsbaum
- Abgeschiedene Sitzplätze im lichten Schatten
- Im hinteren Garten Bepflanzung zum Verdecken der Fabrikmauer
- Platz für die Gartenmöbel aus Gusseisen

ELEMENTE DES GEOMETRISCHEN GARTENS

Die Wirkung beruht auf den symmetrischen Mustern der Beete und exakt in Form geschnittenen Hecken, meist aus Buchsbaum, aber auch eine zwergwüchsige *Berberis thunbergii* wie die Sorte 'Bagatelle' und silbrig-blättriges Heiligenkraut oder Lavendel eignen sich gut. Früher wurden Flächen mit farbigem Kies oder mit Kohle gefüllt, heute eher mit Blüten- oder Blattpflanzen. Dazu gehören Gartenmöbel im klassischen Stil, Töpfe aus Terrakotta und Steinbänke; bei einer modernen Anlage wirken auch Metall, Glas und Kunststoff. Ein geometrischer Entwurf muss jedoch präzise geplant und ausgeführt werden.

EINFACHE SYMMETRIE
Entscheidend für die Symmetrie des Gartens sind die an den Ecken zu exakten Kegeln geschnittenen Buchshecken und die »Säulen« der Lorbeerbäume zu beiden Seiten des Wegs.

Gegenstück zu der Sitzbank am Ende des Gartens im Schatten einer begrünten Pergola

Terrasse aus in unregelmäßigem Verband verlegten Steinplatten

Zentrales Hochbeet zwischen den Aufgängen zum oberen Garten

Zwei paarweise am Fuß und am Ende der Treppen aufgestellte Pflanzkübel

Terrassen und Wege aus Holz

Holzdecks sind eine ideale Erweiterung der Innenräume nach draußen, da man sie auf gleicher Höhe ohne Rücksicht auf die Feuchtigkeitssperre des Hauses anlegen kann. Sie werden auf Holzbalken aufgelegt, so dass die Luft zirkulieren und das Wasser ablaufen kann. Gegen die Rutschgefahr hilft regelmäßiges Fegen mit einem harten Besen oder ein spezieller Anstrich für Bootsdecks, der durch seine Körnung eine angerauhte Oberfläche ergibt.

Aus alten Eisenbahnschwellen konstruiertes Hochbeet

Kleiner Teich aus einem alten gusseisernen Bottich, eingelassen in das Holzdeck

Der Spiegel an der Mauer reflektiert das Grün der gegenüber liegenden Seite *(siehe S. 61)*.

Bahnschwellen trennen die Kiesfläche von der Pflanzecke.

WUNSCHLISTE

- Leicht zu pflegende Flächen, kein Rasen
- Weiträumig wirkende Anlage, eventuell mit Spiegeln
- Hochbeet mit Pflanzen am hinteren Ende, die das unschöne Nachbargebäude verdecken
- Fest eingebauter Essplatz, geschützt gegen Einblicke vom Nachbarhaus
- Kleines gusseisernes Wasserbecken

Der über Eck gesetzte Spiegel täuscht größere Tiefe vor.

Farbig gestrichenes, beranktes Trennelement aus Metall um den Essplatz mit fest eingebautem Tisch und Bänken

Zentrale Fläche aus geharktem Kies, 15 cm tiefer gelegt als die Holzdecks und die Einfassungen aus Eisenbahnschwellen.

Holzdeck mit einem rutschsicheren Anstrich in Hellblau, angelegt in einem Winkel von 45° zum Haus und in gleicher Höhe wie die Innenräume

VIELFÄLTIG VERWENDBARE HOLZDECKS

Holzdecks für draußen werden nach dem gleichen Prinzip konstruiert wie ein Dielenfußboden – aus auf Unterlagehölzern befestigten Brettern. Sie müssen, besonders wenn sie ans Haus angrenzen, fachgerecht und nach örtlichen Bauvorschriften installiert werden. Damit sie sich nicht so leicht wölben, werden die Planken so verlegt, dass die Ringe des Hirnholzes nach unten zeigen. Beim Fachhändler kann man sich beraten lassen; meist genügt druckimprägniertes Weichholz guter Qualität. Mit einem Anstrich *(siehe links)* oder einer Beize im gewünschten Farbton wird es wetterbeständiger und schöner.

► KEHRTWENDE *Holz ist vielseitig und für gewundene Wege genauso gut geeignet wie zum Anlegen von Stufen in abschüssigem Gelände.*

▼ SCHACHBRETTMUSTER *Vorgefertigte Paneele können direkt auf einer wasserdurchlässigen Schicht aus grobem Kies aufliegen. Die Riffelung des Holzes vermindert die Rutschgefahr.*

ABSTRAKTE ANMUTUNG

GANZ GLEICH, OB BEI EINEM ALTEN oder einem modernen Haus – manchmal wünscht man sich etwas völlig Neues. Die meisten Entwürfe sind zweidimensional mit mehreren, ineinander greifenden Flächen angelegt. Hier breiten sich von der Tür zum Garten strenge Linien wie die Rippen eines Fächers aus, durch radiale Bögen verbunden. Die klaren Konturen moderner Materialien wirken kombiniert mit der Blättervielfalt wie ein abstraktes Bild.

WUNSCHLISTE

- Unkonventionelles Design
- Lichtreflektierender Bodenbelag aus hellem Kies
- Wasserbecken
- Ungewöhnliche dekorative Elemente wie Skulpturen
- Bank im Baumschatten
- Zu allen Jahreszeiten attraktiver Garten mit immergrünen Pflanzen

NEUARTIGE MATERIALIEN

Ein ausgefallenes Design verlangt nach unkonventionell eingesetzten Materialien. Wie im Garten links die Skulptur aus rostfreiem Stahl, die Einfassungen aus poliertem Fiberglas und der Obelisk, der durch seinen Anstrich wie aus Stein wirkt. Auch Möbel und anderen Elemente können ungewöhnliche Farben und Strukturen in den Garten bringen: Glasbausteine, Taue, Segeltuch und Acrylglas (leider sind einige davon sehr empfindlich und müssen regelmäßig gereinigt werden). Glasplättchen (Abfallprodukte beim Glasrecycling) eignen sich gut als Mulch. Auf Bau-Recyclinghöfen ist vieles zu finden, aus dem ausgefallene Skulpturen oder Wege, Einfassungen, Trennwände und Pflanzgefäße entstehen können.

◄ LEUCHTENDER PFAD *Der Schimmer der glasierten, in den Zementweg eingesetzten Keramikkugeln kontrastiert mit der Einfassung aus Kieseln.*

▼ TRANSPARENTE WAND *Zwei ungewöhnliche Gartenelemente sind die Trennwand aus Glasbausteinen und die Pflanztonne aus galvanisiertem Metall.*

GRUNDLEGENDE PLANUNGSTECHNIKEN

AUCH WENN DIE EXAKTE VERMESSUNG und die Anlage einer maßstabgetreuen Zeichnung zeitaufwendig sind, wird damit sichergestellt, dass sich der geplante Garten problemlos realisieren läßt. Als Erstes ist eine Bestandsaufnahme erforderlich, nach der ein Basisplan *(S. 75)* und anschließend ein detaillierter Arbeitsplan *(S. 77)* ausgearbeitet wird. Seine Umrisse werden dann mit Sand im Gelände markiert, damit der Entwurf geprüft und evtl. korrigiert werden kann.

EIN AUFMASS ERSTELLEN

Vor der Ausarbeitung des Grundplans ist zunächst eine einfache Vermessung des vorhandenen Gartens und der ihm zugewandten Seite des Hauses notwendig. Dafür kann sich die Anschaffung eines Maßstablineals im gebräuchlichen Maßstab von 1 : 50 und 1 : 100 lohnen. Das Aufmaß dient als Grundlage für den Entwurf eines Gesamtkonzepts, das alle Elemente, die erhalten bleiben sollen, wie z. B. Bäume und Schuppen berücksichtigen muss. Für die Vermessung benötigt man zwei Bandmaße von 30 und 3 m Länge, ein Klemmbrett, Papier und einen spitzen Bleistift. In eine Handskizze werden zunächst alle baulichen Elemente eingezeichnet und anschließend alle Abmessungen, einschließlich der Fenster- und Türmaße, eingetragen. Die Aufmaßskizze unten (für den Gartenplan auf *S. 64*) zeigt, welche »laufenden Meter« gemessen werden, um alle Elemente einschließlich der vorhandenen Bepflanzung festzulegen.

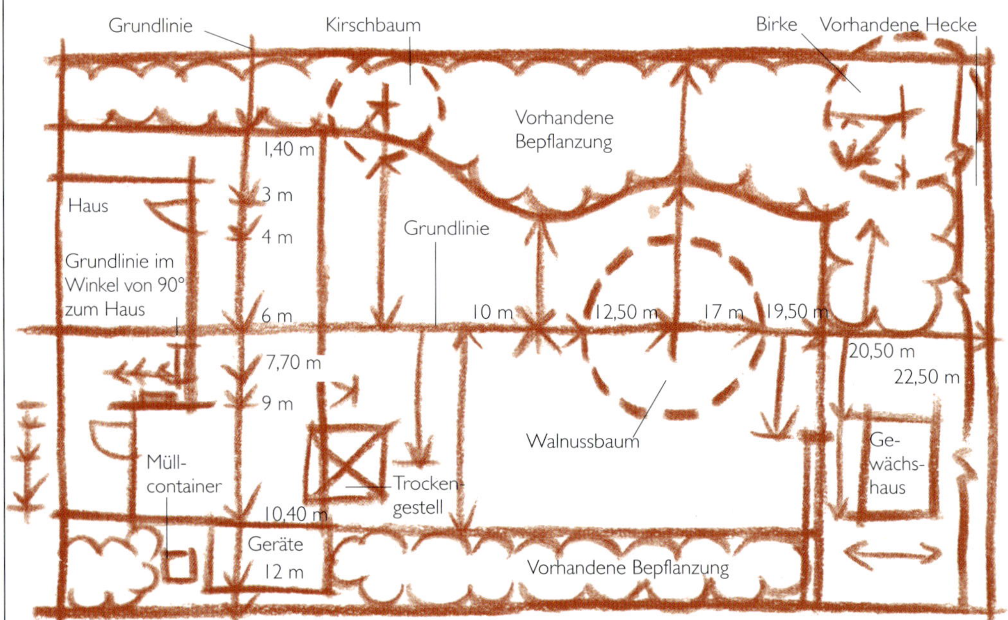

AUFMASS-SKIZZE *Man legt zwei Grundlinien für die ersten Vermessungen von Länge und Breite des Gartens fest (letztere in der Nähe des Hauses zur Markierung von Tür- und Fenstermaßen). Dann alle weiteren (mit Pfeilen bezeichneten) Maße.*

GRENZEN UND STANDORTE VERMESSEN

Der genaue Standort der Bäume kann ganz leicht mit Hilfe von Dreiecksmessungen (Triangulation) bestimmt werden. Dazu wird die Entfernung vom Baum zu zwei festen Punkten, z. B. den Hausecken, gemessen und die Maße in eine grobe Skizze eingetragen. Mit Hilfe eines Zirkels kann dann der exakte Standort des Baumes festgelegt *(siehe unten)* und auf den maßstabgetreuen Plan übertragen werden. Diese Vermessungsmethode funktioniert am besten bei freiem, wenig bebautem Gelände.

STANDORTE FESTLEGEN
Die beiden Distanzen werden in eine Skizze eingetragen. Auf einem maßstabgetreuen Plan des Hauses können dann von den Hausecken aus mit einem Zirkel zwei Bögen mit der jeweiligen Distanz als Radius gezeichnet werden. Der Punkt, an dem die Bögen sich kreuzen, ist der exakte Standort des Baums in Relation zum Haus.

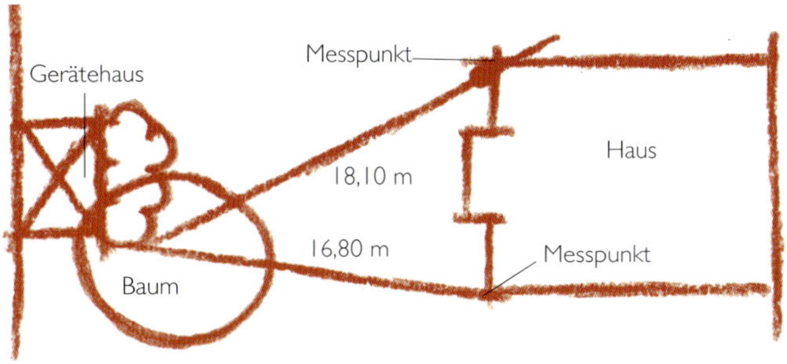

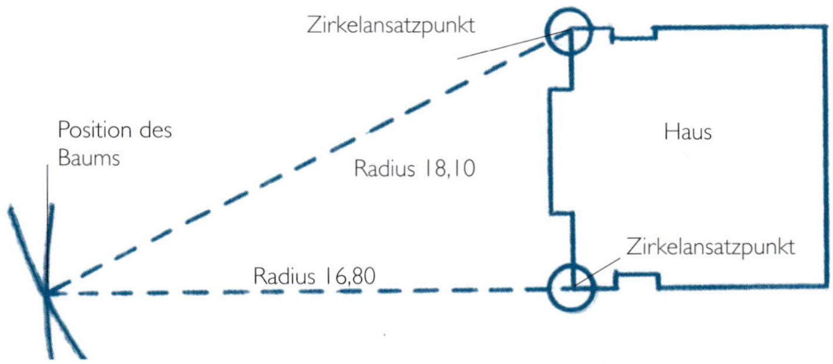

UNREGELMÄSSIGE GRUNDRISSE

Diese Vermessungsmethode ist auch zur genauen Festlegung der Grundstücksecken geeignet, besonders bei einem sehr ausgefallenen Grundriss wie auf S. 48 beschrieben. Das Prinzip ist das Gleiche: Von den Ecken des Gartens aus werden die Distanzen zu zwei verschiedenen Fixpunkten am Haus wie den Hausecken gemessen und mit dem Zirkel *(wie oben)* exakt bestimmt.

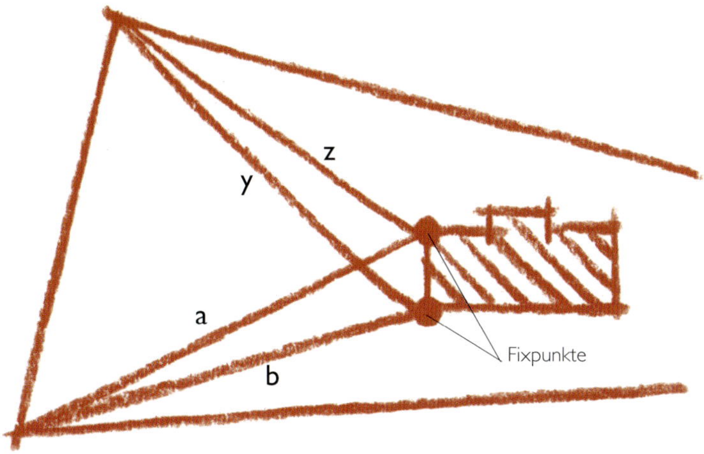

GRENZEN FESTLEGEN
Man nimmt zwei Maße (y *und* z *und* a *und* b) *von jeder Ecke zu Fixpunkten am Haus. Wie oben werden sie anschließend mit einem Zirkel in die maßstabgetreue Zeichnung übertragen.*

GEFÄLLE BERECHNEN

Liegt der Garten an einem Hang, müssen Grad und Richtung des Gefälles festgestellt werden, das längs, quer oder diagonal von einer Ecke des Gartens zur anderen verlaufen kann. Bei den meisten Gärten ist das Ausmaß des Gefälles mit einfachen Mitteln zu bestimmen *(siehe rechts)*. Ansonsten kann man auf die unten beschriebene Methode zurückgreifen.

RECHENMETHODEN

- An einer Mauer wird die Zahl der Ziegellagen über eine festgelegte Distanz berechnet.
- An Zaunelementen kann man den Höhenunterschied eines Absatzes im Zaun messen.
- Von einer festgelegten Waagerechten aus werden alle anderen, höher bzw. tiefer gelegenen Ebenen bestimmt.

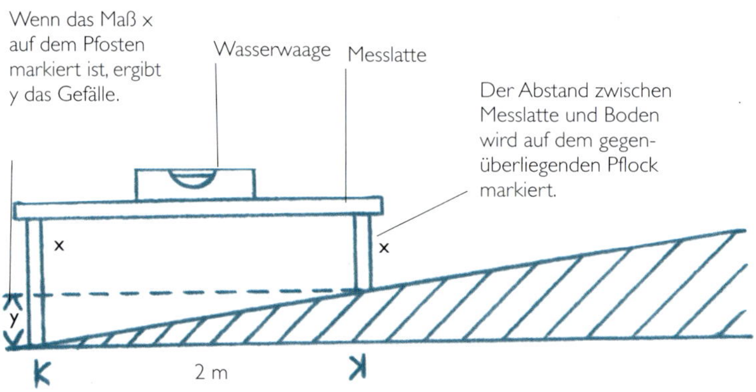

EINEN HANG VERMESSEN
Auf zwei in den Boden geschlagenen Pflöcken wird eine Messlatte mit einer Wasserwaage justiert. y *ergibt das Maß des Gefälles, im Beispiel über eine Distanz von 2 Metern.*

ROHRE UND LEITUNGEN EINKALKULIEREN

Nur zu leicht werden die Anlagen unter der Erdoberfläche – Wasser-, Gas- und Stromzuleitungen zum Haus und die Kanalisation – vergessen. Eine genaue Kenntnis ihrer Lage ist aber besonders von Bedeutung, wenn für einen Teich oder die Drainage einer tiefer gelegten Pflasterfläche Erde ausgehoben werden muß. Stellen Sie anhand der Grundpläne und der Zugänge zum Haus ihren genauen Verlauf fest.

UNTERIRDISCHE ANLAGEN
Meist läßt sich das Kanalisationssystem anhand der Schachtdeckel und Abflussrohre festlegen. Manchmal muss man aber auch eimerweise Wasser in die Gullys schütten, um die Tiefe und den Verlauf der Abflüsse festzustellen. Die Zeichnung rechts zeigt ein mögliches Abflusssystem.

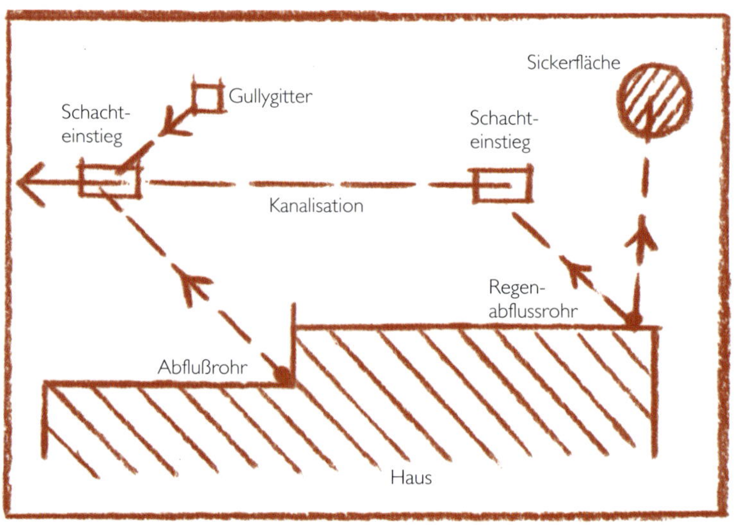

EINEN BASISPLAN ENTWERFEN

Nachdem alles vermessen und notiert ist, muss entschieden werden, was man verändern bzw. erhalten möchte, z. B. von den vorhandenen Bäumen und Sträuchern. Die unten stehende, auf der Bestandsaufnahme von S. 72 basierende Skizze zeigt die Elemente, die übernommen werden sollen. Ergänzt um alle weiteren wichtigen Details (siehe die Planungskriterien unten) kann sie dann in eine maßstabgetreue Zeichnung übertragen werden, die man mit Hilfe eines Liniengitters, auf Millimeterpapier oder mit einem Maßstablineal anlegt. In diesen Entwurf können anschließend alle neuen Elemente eingetragen werden, und vor allem auch die Lage der Fenster und Türen, die für die Anlage des Gartens entscheidend sein können.

DER BASISPLAN
Aus der Bestandsaufnahme und der Skizze (oben) *mit den Elementen, die erhalten bleiben, entsteht ein maßstabgetreuer Grundplan, in den die Abmessungen von Fenstern und Türen, Sonnenlauf und vorherrschende Windrichtungen (falls problematisch), schöne und weniger schöne Ausblicke und weitere wichtige Kriterien für die Planung* (siehe rechts) *eingetragen werden. Auf Pauskopien kann man verschiedene Gestaltungsideen ausprobieren. Der Plan oben diente zur Gestaltung des Gartens auf S. 64.*

PLANUNGSKRITERIEN

Vor der Ausarbeitung des Gartenplans sollten alle notwendigen Aspekte abgeklärt werden. Im Einzelnen:

- Lauf der Sonne
- Vorherrschende Windrichtungen
- Schöne und weniger schöne Ausblicke
- Schattenzonen durch die Bäume der Nachbargärten oder angrenzende Gebäude
- Standorte der vorhandenen Bäume und Gebäudeteile wie Schuppen und Gewächshaus
- Grad und Richtung eventuell vorhandener Hänge
- Verlauf der Kanalisation
- Lage der Gas- und Stromzuleitungen zum Haus
- Exakte Höhe der Feuchtigkeitssperre des Hauses (Pflaster muss 15 cm tiefer gelegt werden)

Den fertigen Entwurf umsetzen

Sobald Sie ein zufrieden stellendes Konzept haben, können Sie einen Arbeitsplan anlegen *(siehe rechts)*, um den Entwurf ins Gelände zu übertragen. Zuerst werden die Umrisse mit feinem (und am besten trockenem) Sand markiert, überprüft und gegenenfalls korrigiert.

Wichtig ist, alle Arbeiten in der logischen Reihenfolge vorzunehmen, normalerweise ausgehend vom Haus und in mehreren Schritten zum Ende des Gartens. Bei verschiedenen Ebenen ist es hilfreich, zunächst die erste Ebene (direkt am Haus) umzusetzen und komplett fertig zu stellen bevor die nächste in Angriff genommen wird. (Ein Arbeitsplan ist sehr wichtig, wenn die Gestaltung des Gartens über einen längeren Zeitraum geplant ist. Spätere Anlagen benötigen möglicherweise Strom für die Beleuchtung oder für den Betrieb einer Wasserpumpe.)

Der Arbeitsplan auf der gegenüberliegenden Seite wird idealerweise in den folgenden Arbeitsschritten umgesetzt.

REIHENFOLGE DER ARBEITEN

1 Unterteilen Sie die gesamte Länge des Gartens durch eine Mittellinie (bei Höhenunterschieden in mehreren Schritten). Mit einem Winkelmaß können Sie sie im rechten Winkel zum Haus auf die Mitte der Fenstertüren ausrichten. (Ziehen Sie sie nicht einfach von der Mitte der hinteren Gartengrenze aus, die Anlage wird leicht schief.) Arbeiten Sie immer von der Mittellinie aus.

2 Legen Sie die Pflasterflächen auf der Basis von Quadraten mit 45 cm Kantenlänge fest – der Größe der geplanten Pflasterplatten, damit sie im Verband und symmetrisch zu beiden Seiten der Mittellinie verlegt werden können. Lose (ohne Mörtel) auf dem Boden ausgelegt, geben sie den Platz für die Stützmauern vor.

3 Bereiten Sie die Stufen und die Stützmauern für die Beete zu beiden Seiten der Treppe vor. Prüfen Sie sie auf notwendige Korrekturen.

4 Stellen Sie das Pflaster, die Stützmauern und Stufen fertig.

5 In einem Garten wie diesem mit verschiedenen Ebenen wird die Mittellinie erneut von der Treppenmitte aus gezogen.

6 Messen Sie den Kreismittelpunkt für den Rasenbogen aus; und ziehen Sie den Bogen mit einem Stock, der mit einer Leine an dem Mittelpflock befestigt ist (siehe unten). Markieren Sie ihn mit feinem Sand.

7 Legen Sie die Mitte des Kreises für die Sonnenuhr fest und markieren Sie den Kreis wie oben.

8 Prüfen Sie, ob die Kreise stimmen und ob die Randbeete für die Bepflanzung ausreichen. Korrigieren Sie die Kreise gegebenenfalls.

9 Legen Sie die Ziegelkreise und die Rasen- bzw. Kiesflächen an.

10 Bepflanzen Sie die vorbereiteten Beete.

Bögen anlegen

Bögen, die mit Hilfe von exakten Kreisen gezogen werden, wirken viel ausgeprägter als vage geschwungene Linien, abgesehen davon, dass sie sich so leichter anlegen lassen. Man markiert dazu die Mitte des Kreises mit einem Pflock, an dem ein Band in der Länge des Radius und ein Stock am Ende befestigt wird. Mit straff gespanntem Band kann man dann die gewünschten Abschnitte der Kreisbögen in den Boden ritzen. Sie werden dann mit einer dünnen Spur aus feinem Sand markiert.

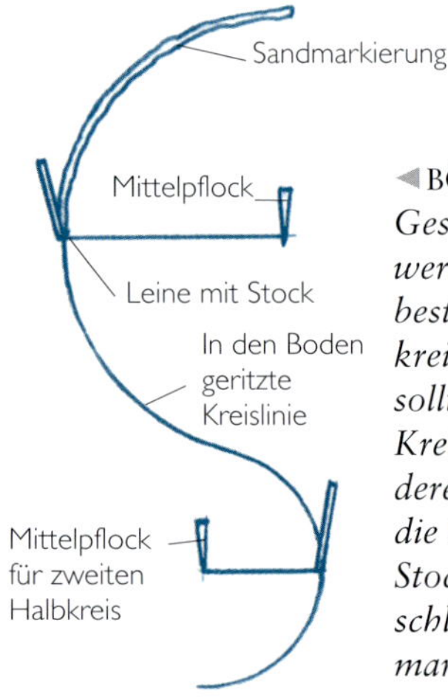

◄ BÖGEN VERBINDEN *Geschwungene Bögen werden wie hier am besten aus zwei Halbkreisen geformt. Sie sollten auf exakten Kreisen basieren, von deren Mittelpunkt aus die Bögen mit einem Stock und anschließend mit Sand markiert werden.*

Der Arbeitsplan

Nach Fertigstellung des Entwurfs wird ein einfacher Arbeitsplan mit allen wichtigen Abmessungen für die Umsetzung ins Gelände skizziert – in diesem Fall für den Garten auf Seite 34. Berücksichtigen Sie dabei, wer die Arbeiten ausführen wird – Sie selbst oder ein Landschaftsgärtner – und die richtige Reihenfolge und die nötigen Hilfen. Hier bestimmt die Größe der stumpf aneinander gefügten Plattenquadrate die Lage der Stufen und der Stützmauern. Auch die Kreismittelpunkte für die Markierung der Bögen sind festgelegt. Wichtigstes Merkmal ist die Mittellinie, auf die alles andere bezogen ist und die im rechten Winkel zum Haus, von der Mitte der Fenstertüren aus, über die gesamte Länge des Gartens gezogen wurde. Legen Sie den rechten Winkel mit Hilfe eines großen Winkelmaßes fest, das Sie, wenn Sie selbst keines besitzen, auch ausleihen oder aus 5 x 5 cm starken Holzlatten selbst herstellen können.

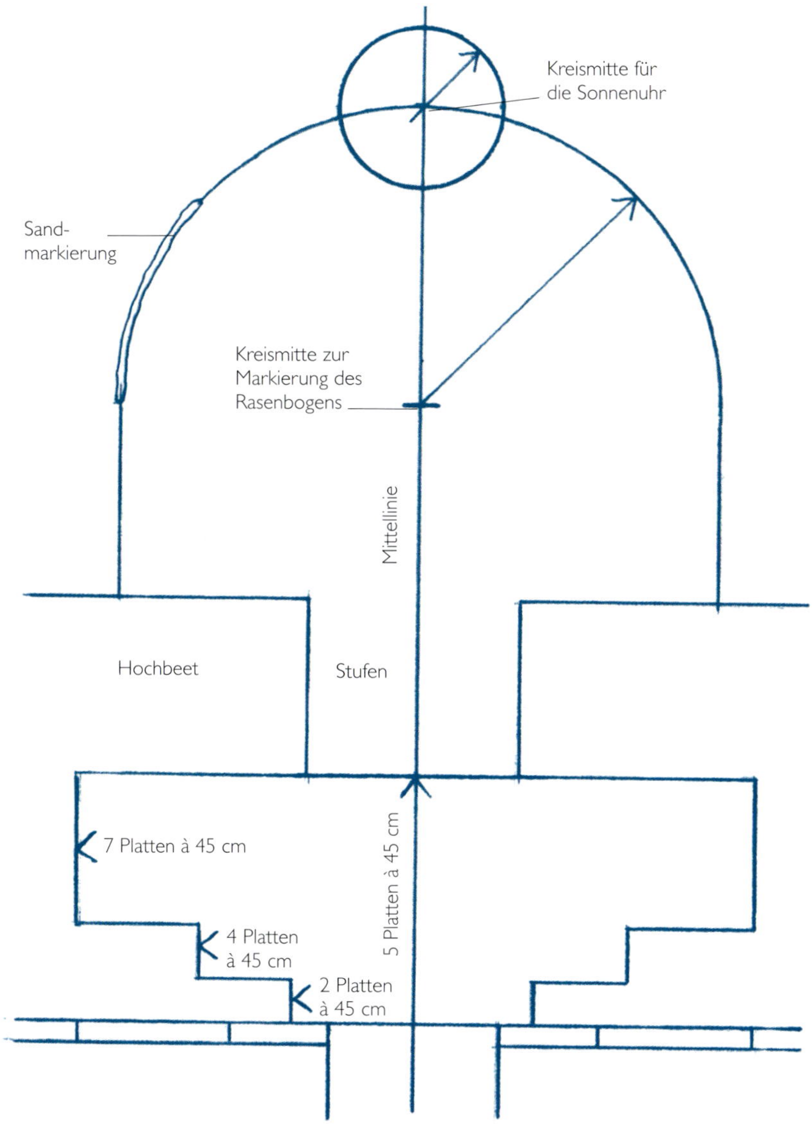

Register

Kursiv gesetzte Seitenzahlen verweisen auf zusätzliche Abbildungen

A

Abstrakte Entwürfe 70, *70 f.*
Actinidia kolomikta 37
Agave *45*
Alchemilla conjuncta 45
Alchemilla mollis 45
Alnus cordata 31
Alnus incana 31
Amelanchier 50
Aralien 20, 37
Ausblick 9, 14, 18 f., 21, 49, 75

B

Bambus *20,* 21, 28, *37,* 51
Basisplan 31 ff., *75*
behindertengerechter Garten 58 f.
Beleuchtung 13, 43, 55
Berberis thunbergii
'Bagatelle' *67*
Beton 25, 31, 33, 38, 46, 56
mit Zuschlägen 46 f., 71
Betula pendula 31 f., 45, 51
B. utilis var. *Jacquemonti* 71
Blattpflanzen
als Blickfang 41
als Schattenspender 7
Blickfang 19, 22, 27, 40 ff.
Bodenbelag 24 f., 31, 52
Rindenmulch 14 f., 52 f.
Spielsand 14 f., 52
Strandkiesel 14 f.
siehe auch Kies, Fluss-Sand, Ziegel
Bögen anlegen 76
Bohnen, kletternde 64
Brunnen 16 f., 63
Buchsbaum *(Buxus sempervirens)* 9, *40, 65,* 66, 71
Büsche als Grenzbepflanzung 21
Buxus sempervirens 9, *40, 65,* 66, 71

C, D

Clematis 37, 63
C. montana 29
Christrose 51
Dekoration s. Skulpturen
Diagonalen anlegen 23, 40, *40 f.*
Drainage, Pläne 74
dreieckiger Grundriss 48 f.
Dreiecksmessung 73

E

Ebenen, versetzte 26 f.
flacher Garten 38, *38 f.*
Gefälle 34 f.
Steigungen 42 f.
Steigungen berechnen 74
Stützmauern 26, 35
Treppen 26 ff, 38 f., 43
Eberesche *(Sorbus aria) 34, 42*
Efeu *28*
Eibe 59
einjährige Pflanzen 12
Einschätzung des Grundstücks 9
Eisenbahnschwellen 42
als Bodenbelag 39
als Stützmauern 35, 59
als Stufen 43
Elektrische Leitungen 13, 16, 24, 55, 63, 75
Elfenbeindistel (*Eryngium giganteum) 45*
Erlen *31*
Eryngium giganteum (Miss Willmott's Geist) *45*
Essigbaum *36*
Essplätze 8, *12,* 13, 36, 38 f., 43 f., 50, 54 f., 59, 62, 69

F

Fahrräder 8, 14, 28, 32, 52, 64
Familiengarten 14 f., 52 f.
Farben 20
Farn 7, 51, 61
Felsenbirne 50
Feuerdorn *28*
Flusskies 44 f., 50, 63
formale Gärten 10, 46, 63, 66 f.
Funkien 51

G

Gartengrenzen 20, 22, 32, 35 ff., 44, 49, 56, 58, 60
Gartenmöbel 12 f., 27, 52, 60, 66 f.
»Gartenräume« 11, 18, 22 f.
Gefälle 34 f.
berechnen 74
Gehölze *15, 22,* 36, 39, 48 f., 52, 58, 60, 71
Geißblatt 37, 49, 56
Gemüse 64 f.
geometrische Gärten 46, *46 f.*
Gerätehaus 28 f., 32, 48 f., 52, 56, 59, 65
Giftige Pflanzen 15
Glasbausteine *11,* 71
Glyzinien 49
Granitblöcke 25, *39*
Gräser 37
Grasflächen
dekorative 37
Wiesen 57
siehe auch Rasen
Grillplätze 8, 13, 31, 38, 54 f., 58
mit Stauraum 13, 28, 38 f., 52, 54, 65,

H

Haselnuss 22, 51
Haustiere 8
Hecken 22, 64
Heiligenkraut 67
Hochbeete 17, 23, 33 f., 38, 40, 42, 49, 52, 58 f., 62 f., 67 f.
Höhenunterschiede 26 f., 34 f., 38 f., 42 f.
Holunder 36

Holz
Eisenbahnschwellen 27, 35, *39*, 43, 68
Gitter 29, 33
siehe auch Hochbeete
Holzbank 36, 47
Holzdecks 17, 23, 25, 27, 31, 68 f.

I, J

Innenhöfe 11, 62 f.
Inspirationsquellen 10
Japanische Gärten 11

K

Keulenlilien 54
Kies 23, 25, 34, 43, 50, 54, 56, 62, 67 ff., 70
-gärten 10 f., *24*, 25, 40 f., 44 f.
-wege 14
Kirsche *46*, 50
Kletterpflanzen 20 f., 22, 28, 36 f., 39, 49, 51, 54 f., 59, 60, 62, 66
für Lauben 51
»Knotengärten« 10 f., 19
Bögen anlegen 76
Koniferen 19
Kräuter *13*, 17, 33, 58, 64 f.
-beet 13, 52
Kürbis 65

L

Landhausgarten 11
lange, schmale Gärten 32 f.
Lärmschutz 20, 37
Lauben *41*, 51
Lavendel 67
Liguster 33
Lorbeerbaum 61, *67*

M, N, O

Mauern 9, 18 ff., 21 f., 26, 37, 54
Mauerbrunnen 17
maurischer Stil 11
mediterrane Gewächse 17
Miss Willmott's Geist (*Eryngium giganteum*) *45*
Moos 26
Mühlsteinbrunnen 16 f., 44, 50, 63
Müllcontainer 8, 29, 64 f.
Mutterboden 9, 17, 25, 38, 45, 59
Natursteine 24, 39
Neuseeländer Flachs (*Phormium*) *41, 45*

P, Q

Paulownia tomentosa 41, 54
Pergola 8, 19, 22, 42, 44 f., 49, *56*, 59, 67
Pflaster 9, 17 ff., 24 f., 47
aus Glasbausteinen 11
aus Steinen 24, 26, 39 f., 49
aus Ziegeln 24, 39
Platten 33
Muster 39, 66
pflegeleichte Gärten 12, 58, *58 f.*
Phormium 41, 45
Pläne 19
zeichnen 9, 18, 31 f., 72f.
Planungstechniken 18, 72 ff.
Platz für Gäste 46, *54 f.*
Privatsphäre 21
Prunus
P. sargentii 50
P. 'Taihaku' *46*
Pyracantha 28
Quellsteine 16 f., 54, 63
-brunnen 16 f.

R

Rabatte 12, 15, 37, 40, 49, 60 f., 64
Rankgitter 13, 29, 32 f., 40 f., 65
als Umzäunung 20 f.
als Trennwand 11., 22 f., 29, 33, 63
Raumillusion schaffen 22 f., 60 f.
»Räume« 11, 18, 22 f.
Raute 15
Rhus typhina 36
Robinia pseudoacacia 'Frisia' 50
rollstuhlgerechter Garten 58 f.
Rosen 49

S

Salat 63 f.
Sambucus nigra 36
Sandkästen 14 f., 28, 48, *53*
Abdeckung 14 f., 54
Santolina 67
Schatten 13, 50 f.
Schaukeln *15, 52* f.
Schleifenblumen 15
Sicherung 14 f., 52 f., 58
Stufen 26, *55*
Wasserbecken 17, 58
Sichtschutz 21, 28 f., 37, 65
Sitzplätze 12 f., *17*, 28, 32, 36, 40, 43, 50 ff., 56, 58, 65
Skulpturen *18*, 19, 41, 54, 70
Sorbus aria 34, 42
Spalier 12, 19, 21 f., 61
siehe auch Rankgitter
Spiegel 19, *23*, 60 f., 68
Spielflächen 14, 22, 28, 31, 49, 52 f.
Schaukeln *15, 52* f.
Spielzeug 8, 14, 52
Sonnenblumen 15
Sonnenstand 9, 75
Sonnenuhr 34 f. , 41, 46
Stauden 12, 38 ff., 46, 57
Stauraum 28, 32, 50 f., 65
Steigungen 42, *42 f.*
berechnen 74
Steingartenpflanzen 17
Stilrichtungen 10, 16, 31
Strahlengriffel (*Actinidia kolomikta*) 37
Strom 63, 74
Beleuchtung 13, *55*
für Teiche 17
Stufen 22, 34
Stützmauern 26, 34 f., 42 f., 63

T

Teich 8, 16 f., 58, 61, 63, 68
Terrasse 13, 18 f., 24, 26, 34, 40 f., 44 f., 51, 55, 62, 64 f., 68 f.
Torbögen 19, 22, 28 f., 56, 61, 65

Trennwände 11, 27 f., 31 ff., 43, 69, *71*
als Rankgitter 22 f., 29, 33, 43
als Sichtschutz 29
aus Pflanzen 37, 43, 48
Treppenstufen 22, *23*, 27, 34, 37 ff., 55, 62, 66
aus Ziegeln *26*, 38, 43
Sicherheit 26

U–V

Übergänge 18
Unkraut 45, 50
Verlegemuster 39
Viburnum rhytidophyllum 37
Vlies 14 f.

W

Walnuss 52
Wäschespinne 28 f., 64
Wasserbecken 15 f., 40 f., 44 f., 54, 58 f., 62 ff., 69 ff.
Wasserpflanzen 16
Wege *18 f.*, 24 f.
Weidenbögen 22, 51
siehe auch Torbögen
Weißbirke (*Betula pendula*) *31 f.*, *45*, *51*
Wiesen 57
Wildgarten 19, 22, 31, 56
Windrichtung 9, 75

XY

Yucca 15, *41 f.*
Yushania anceps 37

Z

Zäune 20 f., 32, 35 f., 48
Ziegel 46, 70
als Bodenbelag 24, 31, 38 f.
als Stufen *26*, 38, *43*
Zierkirsche (*Prunus*) 44, *46*, 50

DANK

Bildrecherche Louise Thomas

Illustrationen Karen Cochrane

Register Hilary Bird

Gartenentwürfe
Die Gartenpläne auf den Seiten 32–70 basieren auf Entwürfen des Autors und folgender Gartenarchitekten:
Jill Billington 60, 66; Claudia Calam 62; Annette Handford 44; Timothy de Lay 46; Barbara Lumsden 54; Peter Macqueen 56, 70; Derek Mead 40; Danièle Moreau 68; Ann Pearce 42; Scilla Rodwell 50

Dorling Kindersley dankt
allen Mitarbeitern der RHS, insbesondere Susanne Mitchell, Karen Wilson und Barbara Haynes, Vincent Square.

Fotos
Der Verlag dankt den folgenden Fotografen und Studios für die zur Verfügung gestellten Aufnahmen:
(Abkürzungen: o = oben, u = unten, l = links, r = rechts, m = Mitte)

Eric Crichton Photos: Titel ul, Rückseite or und mo, 2 m, 12 ul, 14 ml, 15 ol, 17 o, 22 ul, 26 ur, 30 m
The Garden Picture Library: Brigitte Thomas 25 ol, Geoff Dann 24 ur, Janet Sorrell 8 ur, J.S. Sira 33 ml, Ron Sutherland 18 ur, 55 ur, Steven Wooster 9 ul, 10 ur, 53 or
John Glover: 11 ur, Entwurf: Alan Titchmarsh 29 ur
Jerry Harpur: 35 ur, 35 mr, Entwurf: Robert Chiltock, Seattle 28 ur
Neil Holmes Photography: 20 mr
Andrew Lawson: Titel ul, 19 ol, 53 ml, Mirable Osler 29 ol
S & O Mathews Photography: 24 ul
Clive Nichols: Entwurf: Jill Billington Titel mlu, Save the Children – Chelsea '91 Rückseite om, Entwurf: Jill Billington 6 m, 12 ur, Garden and Security Lighting 55 m, Lisette Pleasance 5 ur, 12 o, Lower Hall, Shropshire 49 um, Paula Rainey Crofts 33 or, Save the Children – Chelsea '91 4 ur, 14 ur
Howard Rice: 20 ul, 45 ur, 47 or, Toby Buckland 23 ol
Jo Whitworth: 21 ol

The Royal Horticultural Society
Weitere Informationen zur Arbeit der RHS sind im Internet unter **www.rhs.org.uk** abrufbar, darunter Informationen über Veranstaltungen in Großbritannien, Daten zum Gartenbau, internationale Pflanzenverzeichnisse, Ergebnisse von Pflanzenversuchen und Details zur Mitgliedschaft.